CLASSIQUES

S0-AJJ-954

Collection fondée en 1933 par FÉLIX GUIRAND
continuée par
LÉON LEJEALLE (1949 à 1968) et JEAN-POL CAPUT (1969 à 1972)
Agrégés des Lettres

VICTOR HUGO

CHOIX DE POÉSIES

avec une Notice biographique, une Notice historique et littéraire,
un Lexique, des Notes explicatives, une Documentation thématique,
des Jugements, un Questionnaire et des Sujets de devoirs,

par
BERNARD BLANC
Agrégé des Lettres

LIBRAIRIE LAROUSSE

17, rue du Montparnasse, 75298 PARIS

RÉSUMÉ CHRONOLOGIQUE
DE LA VIE DE VICTOR HUGO
1802-1885

1802 — **Naissance** de Victor Hugo, le 26 février, à **Besançon**; fils de Joseph-Léopold-Sigisbert Hugo, capitaine sorti du rang, républicain, et de Sophie Trébuchet, fervente catholique. En 1798 était né Abel et en 1800 Eugène, frères de Victor Hugo.

1803 — Son père est muté en Corse, puis va en garnison à l'île d'Elbe.

1804 — Victor Hugo vit avec sa mère à Paris, rue de Clichy, où il habitera durant quatre années.

1807 — Son père, promu colonel, est nommé près de Naples; Sophie Hugo l'y rejoint avec ses enfants.

1808 — Tandis que le colonel Hugo part pour l'Espagne, l'enfant rentre à Paris avec sa mère. Ils s'installent aux **Feuillantines**, dont Hugo conservera un souvenir poétique.

1811-1812 — Sa mère ayant rejoint son mari à **Madrid**, le jeune Hugo passe quelque temps dans un **collège espagnol**. A la séparation de ses parents, il revient à Paris, aux Feuillantines.

1814 — Sa mère s'installe, avec ses enfants, rue des Vieilles-Thuilleries. Un jugement sanctionnant la séparation de ses parents enlève à Sophie Hugo la garde d'Eugène et de Victor; celui-ci sera mis à la pension Cordier jusqu'en 1818. (Il suivra les cours du lycée Louis-le-Grand de 1816 à 1818.)

1817-1819 — Il obtient un certain succès dans deux concours proposés par l'Académie française (mention), au concours général (accessit en physique) et reçoit deux récompenses de l'académie de Toulouse. Entre-temps, il était retourné chez sa mère, rue des Petits-Augustins. Il fonde le *Conservateur littéraire*, bimensuel, auquel collaborent Vigny et Emile Deschamps, et qui disparaîtra deux ans plus tard, à la suite de difficultés financières. Il écrit une première version de *Bug-Jargal*.

1820 — Il reçoit une gratification de Louis XVIII pour une *Ode sur la mort du duc de Berry* et un prix de l'académie des jeux Floraux. Il est présenté à Chateaubriand.

1821 — Mort de sa mère (27 juin).

***

1822 — La publication d'*Odes et Poésies diverses* lui fait obtenir une pension royale de 2 000 francs. Il se **marie** le 12 octobre, à Saint-Sulpice, avec **Adèle Foucher**.

1823 — *Han d'Islande*, roman, lui rapporte ses premiers droits d'auteur. — Son premier enfant, Léopold, meurt à deux mois et demi (octobre). — Il crée *la Muse française* (revue).

© *Librairie Larousse*, 1975.   ISBN 2-03-870062-1

1824 — Le 28 août naît Léopoldine. Il publie de *Nouvelles Odes* et fréquente le Cénacle de Ch. Nodier, bibliothécaire de l'Arsenal.

1825 — Charles X lui confère la Légion d'honneur.

1826 — Naissance de Charles, fils du poète (9 novembre). — Publication des **Odes et Ballades.** Deuxième version de *Bug-Jargal.*

1827 — A la suite d'un article du *Globe* sur ses *Odes et Ballades,* Hugo lie connaissance avec Sainte-Beuve, s'installe rue Notre-Dame-des-Champs, où se réunit le nouveau Cénacle. Parution en librairie du drame de **Cromwell,** précédé d'une longue **Préface.**

1828 — Son père meurt (29 janvier). Naissance de son fils François-Victor (21 octobre).

1829 — Le Cénacle accueille de nouveaux membres, dont Musset, Mérimée, Vigny. Publication des **Orientales** et du *Dernier Jour d'un condamné,* roman. La pièce *Marion de Lorme* est interdite par la censure. Répétitions orageuses d'*Hernani* à la Comédie-Française.

***

1830 — Bataille, puis triomphe d'**Hernani,** dont la première représentation a eu lieu le 25 février. Hugo vit dans l'aisance et s'installe rue Jean-Goujon.

1831 — Publication de **Notre-Dame de Paris** et représentation de *Marion de Lorme* au théâtre de la Porte-Saint-Martin. En octobre, Victor Hugo s'installe au 6, place Royale (actuellement place des Vosges). En décembre paraissent **les Feuilles d'automne.**

1832 — Le gouvernement ayant interdit *Le roi s'amuse,* Hugo renonce à sa pension de 2 000 francs.

1833 — Il donne, au théâtre de la Porte-Saint-Martin, *Lucrèce Borgia,* puis *Marie Tudor.* Son ménage étant désuni par les intrigues de Sainte-Beuve, il se lie avec **Juliette Drouet.** Cette liaison durera cinquante ans.

1834 — *Littérature et philosophie mêlées. Claude Gueux.*

1835 — Après la publication des **Chants du crépuscule,** Hugo présente, sans succès, sa candidature à l'Académie française. — *Angelo,* drame.

1837 — Il publie **les Voix intérieures.**

1838 — Hugo inaugure le théâtre de la Renaissance avec **Ruy Blas,** qui obtient un franc succès (50 représentations). Il prend l'habitude de noter des « choses vues ».

1839 — Intervention auprès de Louis-Philippe en faveur de Barbès, condamné à mort. — Au cours d'un séjour de vacances à Villequier, Léopoldine Hugo s'éprend de Charles Vacquerie. — Victor Hugo fait, en compagnie de Juliette Drouet, un voyage en Alsace, en Rhénanie, en Suisse et dans le Midi.

1840 — Après un nouvel échec à l'Académie, Hugo publie **les Rayons et les Ombres.** — Il fait, d'août à octobre, un nouveau voyage sur les bords du Rhin et dans la vallée du Neckar. Il publie, en décembre, *le Retour de l'Empereur,* commémorant ainsi le retour des cendres de Napoléon Ier.

1841 — Soutenu notamment par Thiers et Guizot, Victor Hugo est **élu à l'Académie française;** il fréquente, dès lors, assidûment chez le duc d'Orléans.

1842-1843 — Hugo mène une vie mondaine, publie *le Rhin*, et, devant l'échec des *Burgraves* (mars 1843), décide de renoncer au théâtre. — A peine mariés depuis sept mois, **Léopoldine et Charles Vacquerie se noient,** le 4 septembre 1843, à **Villequier.** Hugo apprend la nouvelle sur le chemin qui le ramenait d'Espagne, où il était en voyage, depuis juillet, avec Juliette Drouet. Son désespoir est immense.

1844-1848 — Hugo cherche un dérivatif dans le monde. Il fréquente le château de Neuilly, résidence de Louis-Philippe, et rêve peut-être d'être le conseiller du roi. Il est créé **pair de France** et voit son titre de vicomte authentifié par le roi (1845).

1848-1849 — Après une belle fidélité à Louis-Philippe, Hugo se rallie à la République; cependant, le 24 février 1848, il avait tenté de faire proclamer la régence de la duchesse d'Orléans; élu à l'Assemblée constituante, il fait de vains efforts en faveur d'un apaisement, lors des journées de Juin. Puis il soutient, dans *l'Événement,* journal qu'il a contribué à fonder, la candidature de Louis-Napoléon Bonaparte, par réaction contre Cavaignac. Après son élection à l'Assemblée législative, ses relations avec Louis-Napoléon Bonaparte s'altèrent, en même temps qu'il se brouille avec la droite.

.*.
*

1851 — Son opposition au prince-président, puis sa vaine résistance contre le coup d'État du 2-Décembre l'obligent à **fuir à Bruxelles** (11 décembre), en même temps que ses collaborateurs de *l'Événement* sont détenus à la Conciergerie.

1852 — Juliette Drouet, puis son fils Charles le rejoignent en Belgique; il publie (5 août) son pamphlet *Napoléon le Petit.* Il s'installe à Jersey, à Marine-Terrace.

1853 — *Les Châtiments,* imprimés à Bruxelles, pénètrent en France clandestinement. V. Hugo compose de *Petites Épopées* (premier titre sous lequel il pense publier la future *Légende des siècles*). Il écrit notamment *la Vision de Dante, Au lion d'Androclès,* travaille à *la Fin de Satan* et jette les bases de *Dieu* (œuvres qui paraîtront après sa mort).

1856 — Expulsé de Jersey, il s'établit à Guernesey, à Hauteville House. — **Les Contemplations** (avril) sont un succès.

1859 — Malgré un décret d'amnistie, Hugo refuse de rentrer en France. Première série de *la Légende des siècles* (26 septembre).

1861 — Au cours d'un voyage en Belgique, il visite le champ de bataille de Waterloo.

1862 — *Les Misérables.* — Voyage sur le Rhin et retour par Bruxelles.

1863-1864 — *Victor Hugo raconté par un témoin de sa vie,* œuvre de sa femme, paraît peu avant *William Shakespeare.*

1865-1869 — Publication des **Chansons des rues et des bois** (1865) et des **Travailleurs de la mer** (1866). Mort de Mme Hugo à Bruxelles, le 27 août 1867. Hugo publie *L'homme qui rit* (1869).

.*.
*

1870 — Inquiet des échecs français, Hugo revient dès le 5 septembre à Paris, où, en simple citoyen, il subit le siège. Sa popularité est immense : après dix-neuf ans d'exil, il apparaît comme le symbole de la fidélité à l'idéal démocratique.

1871 — Elu à l'Assemblée nationale, Hugo revient de Bordeaux à Paris pour assister aux obsèques de son fils Charles (mars), alors que commencent les premiers troubles de la Commune. S'il n'approuve pas ce mouvement révolutionnaire, il condamne énergiquement la répression qui suit son échec.

1872-1873 — Son intervention en faveur des communards le rend suspect. Il démissionne de son mandat de député. Publication de *l'Année terrible* (avril 1872); devant la politique réactionnaire du gouvernement français, V. Hugo repart pour Guernesey, où il séjourne; il y compose le poème *Ecrit en exil*. — François-Victor meurt à la fin de 1873.

1874-1876 — Il publie *Quatrevingt-treize*, s'installe à Paris, rue de Clichy, et est élu sénateur. Aux funérailles d'Edgar Quinet, il prononce un discours qui provoque des réactions hostiles de la part de la presse catholique. — Publication des trois volumes d'*Actes et Paroles*.

1877 — Publication de *la Légende des siècles* (2ᵉ série) en février, de *l'Art d'être grand-père* (mai), et de l'*Histoire d'un crime* (octobre).

1878-1880 — La santé de l'écrivain s'altère, et il n'écrira plus d'œuvre nouvelle jusqu'à sa mort, se contentant de publier des ouvrages créés antérieurement : *le Pape* (1878), *la Pitié suprême* (1879), *Religions et religion*, et *l'Ane* (1880). Il séjourne à Guernesey pendant l'été et une partie de l'automne.

1881 — Le **27 février**, à l'occasion de son anniversaire, 600 000 personnes défilent devant son domicile, avenue d'Eylau — qui, peu après, devient avenue Victor-Hugo —, et Jules Ferry apporte l'hommage du gouvernement. — Publication des *Quatre Vents de l'esprit*.

1882 — *Torquemada*, grand drame en vers.

1883 — Dernière série de *la Légende des siècles*. **Mort de Juliette Drouet** (11 mai).

1885 — Victor Hugo **meurt le 22 mai**, d'une crise cardiaque, **à Paris**. Après des funérailles nationales, les cendres du poète sont déposées **dans la crypte du Panthéon** (1ᵉʳ juin).

ŒUVRES POSTHUMES : *la Fin de Satan; le Théâtre en liberté* (1886). *Choses vues* (1887-1900). *Toute la lyre* (1888-1899). *Alpes et Pyrénées* (1890). *Dieu* (1891). *France et Belgique* (1892). *Correspondance* (1896). *Les Années funestes; Amy Robsart; les Jumeaux* (1898). *Lettres à la fiancée; Post-scriptum de ma vie* (1901). *Dernière Gerbe* (1902). *Océan. Tas de pierres* (1942).

V. Hugo avait trente-quatre ans de moins que Chateaubriand, dix-neuf de moins que Stendhal et Nodier, douze de moins que Lamartine, cinq de moins que Vigny, quatre de moins que Michelet, trois de moins que Balzac. Il avait un an de plus que Dumas père et Mérimée, deux de plus que George Sand et Sainte-Beuve, huit de plus que Musset, neuf de plus que Gautier, seize de plus que Leconte de Lisle.

VICTOR HUGO ET SON TEMPS JUSQU'EN 1843

	la vie et l'œuvre de Victor Hugo	le mouvement intellectuel et artistique	les événements politiques
1802	Naissance de Victor Hugo à Besançon (26 février).	Chateaubriand : Génie du christianisme. René. Goethe : Iphigénie.	Vote de la Constitution de l'an X. Bonaparte, consul à vie.
1819	Victor Hugo fonde le Conservateur littéraire; Bug-Jargal (1re version).	Publication des Œuvres d'A. de Chénier. W. Scott : Ivanhoe. Géricault : le Radeau de la Méduse.	Ministère Decazes : mesures libérales. Lois de Serre favorables à la liberté de la presse.
1822	Mariage avec Adèle Foucher. Publication des Odes et Poésies diverses.	Delacroix : la Barque de Dante. Beethoven : Messe en « ré ». Champollion déchiffre les hiéroglyphes.	Congrès de Vérone, Chateaubriand étant ministre des Affaires étrangères.
1823	Han d'Islande. Création de la Muse française.	Stendhal : Racine et Shakespeare. Vigny : Poèmes. Lamartine : Nouvelles Méditations; la Mort de Socrate.	Prise du Trocadéro à Cadix (août) par les Français. Déclaration de Monroe. Fin de la Charbonnerie.
1824	Nouvelles Odes. Naissance de Léopoldine.	Mort de Byron. Delacroix : les Massacres de Chio.	Fin de la résistance espagnole en Amérique du Sud. Mort de Louis XVIII, à qui succède Charles X.
1826	Bug-Jargal (2e version). Odes et Ballades.	Vigny : Poèmes antiques et modernes.	Sièges de Missolonghi et d'Athènes par les Turcs.
1827	Cromwell et sa Préface.	F. Cooper : la Prairie. Ingres : Apothéose d'Homère. Mort de Beethoven.	Bataille de Navarin.
1829	Les Orientales. Le Dernier Jour d'un condamné. Marion de Lorme.	Vigny : Othello. Balzac : les Chouans. Fondation de la Revue des Deux Mondes.	Démission de Martignac, remplacé par Polignac. Fin de la guerre russo-turque par le traité d'Andrinople.
1830	Hernani (25 février).	Musset : Contes d'Espagne et d'Italie. Th. Gautier : Poésies. Lamartine : Harmonies. Delacroix : la Barricade.	Prise d'Alger. Révolution de Juillet. Mouvements révolutionnaires en Europe.
1831	Notre-Dame de Paris. Les Feuilles d'automne.	Balzac : la Peau de chagrin. Stendhal : le Rouge et le Noir. H. Heine : Poésies.	Troubles à Lyon. Soulèvements en Italie. Écrasement de la révolution polonaise.

1832	Le roi s'amuse (interdit).	Musset : Spectacle dans un fauteuil. Vigny : Stello. Silvio Pellico : Mes prisons. Mort de Goethe, W. Scott, Cuvier.	Méhémet Ali vainqueur à Konieh. Manifestations pour l'unité allemande à Hambach. Encyclique Mirari vos contre le catholicisme libéral.
1833	Lucrèce Borgia. Marie Tudor. Liaison avec Juliette Drouet.	G. Sand : Lélia. Balzac : Eugénie Grandet. Goethe : le Second Faust. Rude : la Marseillaise.	Loi Guizot sur l'enseignement primaire. Création de la Société des droits de l'homme.
1834	Littérature et philosophie mêlées. Claude Gueux.	Sainte-Beuve : Volupté. Balzac : le Père Goriot. La Mennais condamné à Rome après les Paroles d'un croyant. Musset : Lorenzaccio. Mort de Coleridge.	Insurrections d'avril (Lyon et Paris). Quadruple-Alliance (Espagne, Portugal, Grande-Bretagne, France).
1835	Les Chants du crépuscule. Angelo.	Vigny : Chatterton. Musset : les Nuits de mai et de décembre. Conférences de Lacordaire. Gogol : Tarass Boulba.	Attentat de Fieschi (juillet). Lois répressives (septembre), concernant notamment la presse.
1837	Les Voix intérieures.	Musset : Un caprice; la Nuit d'octobre. Dickens : Oliver Twist. Rude : groupe du Départ des volontaires (Arc de triomphe).	Traité de la Tafna : cession à Abd el-Kader des provinces d'Oran et d'Alger. Conquête de Constantine.
1838	Ruy Blas.	Lamartine : la Chute d'un ange. E. A. Poe : Arthur Gordon Pym.	Coalition contre Molé. Mort de Talleyrand.
1840	Les Rayons et les Ombres.	Sainte-Beuve : Port-Royal. G. Sand : le Compagnon du tour de France. P. J. Proudhon : Qu'est-ce que la propriété?	Retour des cendres de Napoléon Ier. Traité de Londres. Démission de Thiers. Ministère Guizot.
1842	Le Rhin.	Aloysius Bertrand : Gaspard de la nuit. E. Sue : les Mystères de Paris.	Ministère Guizot (formé depuis 1840). Protectorat français à Tahiti.
1843	Les Burgraves. Mort de Léopoldine.	Lamartine : Graziella. Nerval : Voyage en Orient (1841).	Querelle scolaire.

	la vie et l'œuvre de Victor Hugo	le mouvement intellectuel et artistique	les événements politiques
1848	Élection à l'Assemblée constituante.	Dumas fils : la Dame aux camélias (roman). Mort de Chateaubriand. Publication des Mémoires d'outre-tombe.	Révolution de Février. Mouvements libéraux et nationaux en Italie et en Allemagne.
1852	Napoléon le Petit. Début de l'exil. Installation à Marine-Terrace, à Jersey.	Th. Gautier : Emaux et camées. Leconte de Lisle : Poèmes antiques. Dumas fils : la Dame aux camélias (drame).	Napoléon III, empereur héréditaire. Cavour, en Savoie-Piémont, est appelé au ministère.
1853	Les Châtiments.	Nerval : Petits Châteaux de Bohême. H. Taine : La Fontaine et ses fables.	Haussmann, préfet de la Seine. Début de la guerre russo-turque (guerre de Crimée).
1856	Les Contemplations. Installation à Hauteville House, à Guernesey; expériences de spiritisme.	Flaubert : Madame Bovary. Lamartine : Cours familier de littérature. Mort de Schumann.	Congrès et traité de Paris. Expédition de Burton et Speke aux grands lacs africains.
1859	La Légende des siècles (1re série). Refus de l'amnistie.	Baudelaire : Salon de 1859. Mistral : Mireille. Darwin : De l'origine des espèces. Wagner : Tristan et Isolde.	Amnistie accordée par Napoléon III aux condamnés politiques. Percement de l'isthme de Suez.
1862	Les Misérables.	Flaubert : Salammbô. Baudelaire : 21 Petits Poèmes en prose. Leconte de Lisle : Poèmes barbares.	Campagne du Mexique. Tentative de Garibaldi contre Rome. Bismarck, Premier ministre.
1864	William Shakespeare.	Vigny : les Destinées (posthumes). Fustel de Coulanges : la Cité antique. Meilhac et Halévy : la Belle Hélène (musique d'Offenbach).	Guerre austro-prussienne contre le Danemark. Fondation de l'Internationale. Création du comité des Forges.
1865	Chansons des rues et des bois.	Cl. Bernard : Introduction à la médecine expérimentale. K. Marx : le Capital. Lois de Mendel.	Abolition de l'esclavage aux Etats-Unis. Union télégraphique internationale.
1866	Les Travailleurs de la mer.	Verlaine : Poèmes saturniens. Parnasse contemporain. Dostoïevski : Crime et châtiment.	L'Autriche est battue, à Sadowa, par la Prusse, alliée à l'Italie.
1869	L'homme qui rit.	Verlaine : Fêtes galantes. Flaubert : l'Éducation sentimentale.	Inauguration du canal de Suez. Congrès socialiste de Bâle.

	Vie et œuvre de Victor Hugo	Littérature	Histoire
1871	Elu député de Paris après son retour d'exil.	Deuxième Parnasse contemporain.	Soulèvement parisien de la Commune. Traité de Francfort.
1872	L'Année terrible. Mort de François-Victor Hugo.	Jules Verne : le Tour du monde en quatre-vingts jours. Bizet : l'Arlésienne. Daumier : la Monarchie.	Début du Kulturkampf.
1874	Quatrevingt-treize.	Flaubert : la Tentation de saint Antoine. Exposition des impressionnistes.	Septennat militaire en Allemagne. Les Anglais aux îles Fidji.
1876	Actes et paroles. Elu sénateur.	Mallarmé : l'Après-midi d'un faune. Renoir : le Moulin de la Galette.	Mac-Mahon président (depuis 1873). Stanley au Congo.
1877	La Légende des siècles (2e série). L'Art d'être grand-père. Histoire d'un crime.	Flaubert : Trois Contes. E. Zola : l'Assommoir. R. Wagner : Parsifal.	Crise du 16 mai : Mac-Mahon renvoie le ministère Jules Simon.
1878	Le Pape.	Mort de Claude Bernard. Engels : l'Anti-Dühring.	Congrès de Berlin sur la question des Balkans.
1880	Religions et religion. L'Ane.	Recueil des Soirées de Médan. Mort de G. Flaubert. Maupassant : Boule-de-Suif. Dostoïevski : les Frères Karamazov.	Premier ministère Jules Ferry. Le 14 juillet devient fête nationale. Loi d'amnistie : retour des anciens communards.
1881	Les Quatre Vents de l'esprit. Le 27 février, immense défilé devant son domicile et hommage du gouvernement présenté par Jules Ferry.	Maupassant : la Maison Tellier. A. France : le Crime de Sylvestre Bonnard. Verlaine : Sagesse. Renoir : le Déjeuner des canotiers.	Loi sur la liberté de la presse. Elections législatives. Ministère Gambetta. Protectorat sur la Tunisie.
1882	Torquemada (drame).	Maupassant : Mademoiselle Fifi. Koch découvre le bacille de la tuberculose. Pasteur découvre la vaccination anticharbonneuse.	Loi organisant l'enseignement primaire : scolarisation obligatoire. Constitution de la Triple-Alliance (Allemagne-Autriche-Italie).
1883	La Légende des siècles (dernière série). Mort de Juliette Drouet.	Maupassant : Une vie. Renan : Souvenirs d'enfance et de jeunesse. Nietzsche : Ainsi parla Zarathoustra.	Ministère Jules Ferry. Guerre du Tonkin. Intervention française à Madagascar.
1885	22 mai : mort de Victor Hugo. 1er juin : funérailles nationales.	E. Zola : Germinal. Maupassant : Bel-Ami. A. France : le Livre de mon ami. Pasteur découvre la vaccination antirabique.	Evacuation de Lang Son. Chute de Jules Ferry. Elections générales : recul des républicains.

BIBLIOGRAPHIE SOMMAIRE

ÉTUDES GÉNÉRALES
SUR LA VIE ET L'ŒUVRE DE VICTOR HUGO

Pierre Audiat — *Ainsi vécut Victor Hugo* (Paris, Hachette, 1947).

Henri Guillemin — *Victor Hugo par lui-même* (Paris, Ed. du Seuil, 1951).

Jean-Bertrand Barrère — *Victor Hugo, l'homme et l'œuvre* (Paris, Boivin-Hatier, 1952; rééd. 1984).

André Maurois — *Olympio ou la Vie de Victor Hugo* (Paris, Hachette, 1954).

Louis Perche — *Victor Hugo* (Paris, Seghers, 1961; Collection « Poètes d'aujourd'hui »).

Charles Villiers — *l'Univers métaphysique de Victor Hugo* (Paris, Vrin, 1970).

Alfred Glauser — *la Poétique de Hugo* (Paris, Nizet, 1978).

Hubert Juin — *Victor Hugo* (Paris, Flammarion, 1980).

Arnaud Laster — *Pleins Feux sur Victor Hugo* (Paris, Comédie-Française, 1981); *Victor Hugo* (Paris, Belfond, 1984).

POÉSIES CHOISIES
DE VICTOR HUGO

NOTICE

UNE VIE, UN RÔLE, UNE DESTINÉE

Pourquoi s'attache-t-on habituellement à la vie de Victor Hugo, comme s'il était primordial de la connaître pour comprendre son œuvre? En survolant celle-ci, nous verrons pourtant qu'elle dépasse largement — même dans la partie purement poétique, même dans ce qu'on appelle le lyrisme individuel — cet attachement à soi-même, à l'anecdote, aux événements personnels, aux états d'âme, qui caractérise la plus grande partie, et la moins immortelle, peut-être la moins vraiment poétique, de notre poésie romantique.

Cherchons cependant, pour commencer, ce qui, dans l'existence de Victor Hugo, peut être significatif. Est-ce l'amour, si durable, qui l'attacha à Juliette Drouet? Mais Juliette semble avoir été l'esclave aux pieds de son seigneur et maître, puis l'amie compréhensive, plutôt que la passion et la muse du poète : elle lui inspira fort peu de beaux poèmes. Du reste, pas plus l'amour inaltérable qu'il lui portait que l'admiration affectueuse où il persista à tenir la « mère de ses enfants » ne détournèrent notre poète d'autres amours, dont il rendit compte, sur le tard, dans les assez mauvaises *Chansons des rues et des bois*.

Le reste de la vie privée de Victor Hugo — qui n'est, en définitive, qu'accessoirement et médiocrement un poète de l'amour — est caractérisé par le malheur : désaccords précoces avec sa femme, difficultés avec des enfants à l'adolescence frondeuse, mais surtout atteinte de forces mystérieuses sous deux formes angoissantes, la mort et la folie, qui frappèrent tant de membres de sa famille. La plus dure épreuve fut la mort de sa fille Léopoldine, noyée avec son jeune mari à Villequier en 1843. Il faut relire le quatrième livre des *Contemplations* pour voir avec quelle discrétion il évoque cette figure angélique, combien sa douleur tragique évite le pathos, et combien le titre *Pauca meae* est justifié, si on compare au reste de la production romantique sur de pareils sujets. Il faut voir surtout avec quel respect pour cette morte (afin de lui vouer un vrai culte qui aille plus loin que les larmes ou le désespoir, car on a vite fait de mentir si on cultive les larmes) il s'est hissé hors de sa gangue de douleur, pour se mettre véridiquement « en marche ».

Reste sa vie publique. Le jeune auteur des *Odes* s'affirme d'emblée comme un chantre des événements politiques, un thuriféraire de la monarchie chrétienne; mais bientôt comme un méditatif chargé de survoler l'Histoire sans parti pris. Cette position, qu'il gardera toujours, explique les changements d'options qui conduiront Hugo du royalisme au socialisme, en passant par le culte de Bonaparte (voir « Ce siècle avait deux ans »).

✶[✶]✶

On connaît les étapes de son engagement politique. Pair de France en 1845, député en 1848 à la Constituante, puis à la Législative, entrant dans l'opposition contre Louis-Napoléon, s'exilant à Bruxelles, puis à Jersey et à Guernesey, il refusera de rentrer lors de l'amnistie de 1859; revenu triomphalement à Paris en 1870, député, sénateur, il prononcera des discours sociaux et humanitaires, agissant en faveur de l'instruction publique et de la lutte contre la misère.

L'œuvre de Victor Hugo est marquée par l'intérêt qu'il porte à la vie de son pays, de son siècle, au point que c'est peut-être un des caractères les plus originaux de sa poésie; un de ceux, en tout cas, qui séduit le plus, de nos jours, éditeurs et lecteurs désireux de sortir Hugo de l'ornière où l'avait enfoncé une optique sentimentale aujourd'hui dépassée. Ce qu'il faut noter ici, c'est le lien intime de la vie publique de Victor Hugo avec sa vie privée : l'exil fera de lui un autre personnage. Car Hugo joue toujours totalement, gravement, le rôle que lui donnent les événements : à l'époque des *Châtiments*, son visage se crispe en une moue pathétique, pour les photographes. Il s'est exilé à Bruxelles par commodité, mais bien vite il trouve une île. Car il lui faut l'île[1], même fort peu lointaine. Et il se trouve bientôt tout ce qu'il lui faut de rochers, de dolmens, d'océan et de nuées. Il s'enfermera dans sa solitude; sa famille, elle aussi, devra refuser l'amnistie; car il doit être totalement le proscrit, et l'on ne triche pas même avec une Sainte-Hélène[2] de remplacement, lorsqu'on veut dresser en face de Napoléon le Petit la statue inébranlable de la Liberté en exil.

La politique, Hugo, certes, la dit et la rêve plus qu'il ne la fait. Mais il croit, non sans raison, que ce qui mène le monde cè sont les idées, les mots même (voir « Réponse à un acte d'accusation »); et l'auteur des *Misérables* aura des foules à ses funérailles nationales, il entrera au Panthéon, et des plaques porteront son nom dans les rues de toute la France.

✶[✶]✶

On aime, à notre époque de reportages indiscrets, fouiller la vie du poète à Jersey et à Guernesey. On passe avec indulgence sur

---

1. A seize ans, il avait écrit des strophes prémonitoires (« Ce que je ferais si j'avais une île déserte ». (Voir *Océan*, Éd. Pauvert, p. 1524); 2. Baudelaire : « Hugo pense souvent à Prométhée [...]. Il croit que, par un *fait* de la Providence, Sainte-Hélène a pris la place de Jersey *(Fusées).*

des détails un peu dérisoires : la fringale d'argent, l'autoritarisme paternel, l'égoïsme. Tout cela peut être mis au compte d'une personnalité débordante, qui se traduit aussi bien par la devise *Ego Hugo,* adoptée de longue date et sculptée sur le fauteuil-trône gothique d'Hauteville House, que par le fameux vers qui termine « Ultima verba » dans *les Châtiments* : « Et s'il n'en reste qu'un, je serai celui-là. » Cette puissance psychologique est liée à une vitalité exceptionnelle : « Victor Hugo est frais et rose, il faudra l'assommer », écrivait du poète octogénaire un de ses amis. Une telle force de tempérament permet de ranger Hugo parmi les rares génies dont l'œuvre, multiple et inégale, semble issue d'une vigueur surhumaine qu'on retrouve chez un Balzac, un Claudel, un Picasso.

Mais où l'on aime le plus à fouiner, c'est dans les témoignages qui révèlent l'étrange engouement de Victor Hugo exilé pour le spiritisme. C'est l'époque des tables tournantes, des apparitions nocturnes de la Dame blanche, de terreurs inadmissibles chez un homme mûr et bien constitué; toute une curiosité ésotérique pour la Kabbale, le pythagorisme, la franc-maçonnerie, les théories de réincarnation dans les astres. Qu'explique-t-on par-là ? Une grande partie du sixième livre des *Contemplations* ? Il paraît même[1] que seuls les poèmes macabres et hallucinatoires de Jersey, ceux de 1854 surtout, mériteraient vraiment le titre de *Contemplations,* le reste du livre constituant plutôt, selon l'expression de V. Hugo, les « mémoires d'une âme ».

***

Si l'historien de la littérature se doit d'étudier les sources, les circonstances, les influences, les réminiscences, il ne saurait néanmoins interposer son savoir entre l'œuvre et le lecteur. Cette œuvre est pléthorique, encombrée, gonflée, certes; mais elle a un sens. Nous voudrions avant que le lecteur consulte ces morceaux choisis d'initiation, qu'il convienne, selon la Préface des *Contemplations,* que ces livres sont des livres destinés à un public, voués à l'intemporalité; que tout ce qui est propre à l'auteur, donc biographique, est dépassé par sa volonté créatrice; que nous n'avons plus à y chercher « Monsieur Hugo ». « Une destinée est écrite là jour à jour », dit-il. Destinée de l'Individu, destinée de la France, de l'Humanité, sur lesquelles le Songeur a toujours porté son regard interrogatif. Toutes les réponses, toutes les prises de parti politiques ou les hypothèses métaphysiques, il les a souvent énoncées sur un ton affirmatif; et l'on s'étonne qu'elles se contredisent, ou que l'une ou l'autre soit délirante. C'est *Ego Hugo,* l'hypertrophique, qui a l'air de promulguer des dogmes. Mais le poète en lui cherche et marche. Il avait noté quelque part : « Toute l'ombre est un

---

1. J.-B. Barrère, *Hypothèse sur la psychologie des « Contemplations »* (Le Caire, 1951).

combat. » Et il est tout entier dans cet aveu : « J'ai vécu. Autrefois,
je croyais comme un crédule enfant. Maintenant, je crois comme
un athlète qui a lutté, comme un pèlerin qui a marché, comme un
homme qui a pleuré[1]. »

LES GRANDES ŒUVRES POÉTIQUES
ET L'ÉVOLUTION DU LYRISME

ŒUVRES DE JEUNESSE

Odes. Ces essais de jeunesse parurent de 1822 à 1824. Disciple
immédiat de Lamartine (*Méditations poétiques,* 1820) et de Chateaubriand, l'auteur adopte un style classique et un des genres
traditionnels : l'ode, grand poème strophique. Trois livres sur
cinq traitent de sujets politico-religieux; l'auteur s'y fait le chantre
de la Restauration, où il voit le retour aux fondements de la tradition française : monarchie légitimiste et catholicisme. Malgré
l'inspiration de circonstance et l'esprit courtisan, on sent déjà chez
Hugo le souci de voir l'Histoire avec noblesse et grandeur, l'intérêt porté aux événements politiques et sociaux, la vocation impé-
rieuse d'être la voix et la conscience des hommes de son temps.
Les livres IV et V évoquent des sujets intimes : amour, campagne;
c'est le temps de son grand amour pour Adèle Foucher, puis de
son mariage avec elle.

Ballades (1826). Elles entrent dans le courant romantique par
le pittoresque moyenâgeux : on y raconte des histoires de fées ou de
chevaliers, on n'y parle surtout pas de soi, on sculpte des bas-reliefs,
on cisèle des vers difficiles. Comme les *Odes,* les *Ballades* ont donc
un aspect marqué de Grande Rhétorique. Mais cela annonce à
la fois le cadre de *Notre-Dame de Paris* et d'une partie de *la Légende
des siècles* (Ballades VI, VIII, XI, XII), et le ton de bien des *Chansons
des rues et des bois,* où le poète, suivant un certain folklore, s'impo-
sera la difficulté de la strophe à refrain.

Les Orientales (1829). La *Préface de « Cromwell »,* en 1827,
a fait de Victor Hugo le chef d'un cénacle tapageur de jeunes
romantiques. En même temps, ses opinions politiques vont vers la
revendication de la liberté. La guerre d'indépendance des Grecs
contre l'Empire turc inspire plusieurs pièces (« l'Enfant grec »),
auxquelles se joignent des tableaux pittoresques (« les Djinns »,
« Clair de lune »), où l'Orient — un Orient de livres et de rêve —,
alors fort à la mode, donne à l'auteur une nouvelle matière des-
criptive, un nouvel exotisme, après celui du Moyen Age, et avant
que viennent à la mode l'Espagne et l'Italie. Nouvelles audaces
dans les vers et le vocabulaire.

---

1. *Océan,* Éd. Pauvert, p. 1594.

QUATRE GRANDS RECUEILS LYRIQUES

Les Feuilles d'automne (1831). Les Chants du crépuscule (1835). Les années 1830 sont marquées par des soulèvements divers : journées de Juillet, insurrections à Lyon et à Paris, indépendance belge, révoltes en Irlande, en Pologne et en Italie, crises égyptiennes. C'est aussi l'époque où Hugo fit sur la vieille rhétorique classique « souffler un vent révolutionnaire », où l'on se prit aux cheveux ou aux barbes à la première représentation d'*Hernani* (25 février 1830). Mais le travail des poètes s'accomplit aussi en dehors des troubles et sans engagement politique (*Harmonies* de Lamartine; *Contes d'Espagne et d'Italie, Un spectacle dans un fauteuil* de Musset). Époque aussi des voyages réels ou imaginaires; Hugo, lui, reste parisien jusqu'en 1837. Mais l'Espagne, chère à Musset, lui inspire ses deux plus célèbres drames (*Hernani, Ruy Blas*), tandis qu'il place ses deux autres (*Lucrèce Borgia, Angelo*) dans cette Italie chère à Stendhal.

Trouble politique, lyrisme élégiaque, voilà donc les deux pôles de la poésie lyrique de Victor Hugo à cette époque, cependant qu'il réserve au théâtre la force et l'exotisme. La conception des deux recueils est, en somme, simultanée, même si quatre ans séparent leur publication. L'auteur dit qu'il consacre le premier à « des vers sereins et paisibles, des vers comme tout le monde en fait ou en rêve, des vers de la famille, du foyer domestique, de la vie privée; des vers de l'intérieur de l'âme ». A la fin des *Feuilles d'automne*, il annonce le recueil suivant : « Et j'ajoute à ma lyre une corde d'airain. » Il est, à vrai dire, tiraillé entre deux devoirs poétiques : maintenir la loi propre de l'art, exhaler une âme sereine, ou être le journaliste-prophète de son siècle, interroger les événements pour discerner si « l'heure trouble où nous sommes » est une aurore ou un crépuscule.

On pourrait donner un aperçu des thèmes traités dans les principaux poèmes de ces deux recueils, à peu près de la manière suivante.

Les Feuilles d'automne :
— Odes, lettres à des amis : 8, 9, 27, 28;
— Enfance, famille : 15, 19;
— Souvenir des amours passées : 14, 25;
— Nature : 34, 35;
— L'artiste incompris : 9, 11.

Les Chants du crépuscule :
— Événements politiques et notamment exaltation de l'épopée napoléonienne : 1 à 7;
— Faits divers prêtant à réflexion morale : 10 à 16;
— Amour et campagne : 19 à 29.

Dans la Préface de chaque recueil, on trouvera plus clairement exprimées les intentions de l'auteur. Mais quelles sont les réalités ?

Dans *les Feuilles d'automne*, l'auteur se drape volontiers d'une noble et précoce sénilité, tournée vers « ce qu'il y a de triste dans le bonheur », hantée par la mort et la fuite du temps. Y a-t-il là beaucoup plus qu'une pose littéraire ? Les vers, harmonieux, encore classiques, sont pleins de lieux communs ; la sensibilité manque d'angoisse, de passion même, elle est saine, équilibrée, bourgeoise. Il s'attendrit sur l'enfance plus que sur son épouse. Déjà aussi, il a le culte des morts et du passé, paradoxal chez cet homme dont toute la partie vive, volontaire et libre, va se tourner vers le présent et l'avenir.

Les *Chants du crépuscule*, eux, annoncent le poète des *Châtiments*, de *l'Année terrible*, l'auteur des *Choses vues*, des grands pamphlets, des romans sociaux. Peut-être est-ce sa vraie voie. « Echo sonore », il doit d'abord entendre son époque. La pitié, diffuse dans *les Feuilles d'automne*, va ici au cœur des problèmes de son temps. Dans la Préface du précédent recueil, il énumérait les faits politiques ; dans celle des *Chants du crépuscule* et dans son beau « Prélude », c'est l'état moral de la France et de l'Occident qu'il examine.

Dès lors, bien plus que dans les *Odes*, Hugo réussit vraiment dans le ton soutenu, entre Pindare et les poètes épiques.

Les Voix intérieures (1837). Les Rayons et les Ombres (1840).

La totalité des thèmes des recueils précédents se trouve reprise dans les *Voix intérieures*. Mais le ton a évolué. Avec maladresse encore, souvent avec grandiloquence ou sur un ton prêcheur, le poète tente de s'élever encore plus haut au-dessus des anecdotes politiques, sociales ou personnelles, et d'écouter plus attentivement encore les voix intérieures — à lui-même, à la nature, aux autres. Déjà c'est le songeur des *Contemplations* qui se forme. On voit ainsi apparaître, dans « Pensar, Dudar », ce que d'aucuns appelleront le poème philosophique.

La solitude et la vie familiale s'intègrent peu à peu à la vocation poétique du prophète : le premier poème des *Rayons et les Ombres* nous amène à comprendre ce qu'est désormais pour Hugo la « fonction du poète ». Las de la vie « engagée », il cherche la solitude ; mais il y entend Dieu, qui l'envoie servir. Il comprend alors que la solitude a pour rôle de le faire entendant et voyant. La fonction poétique prend alors une telle grandeur que l'ancien chantre de la foi monarchique et catholique (*Odes*), le douteur des *Chants du crépuscule*, se demande maintenant si la poésie ne va pas prendre la relève de la foi.

Voilà la fonction du poète définie : comment est-elle pratiquée ? Des anecdotes méditées, encore : des pauvres rencontrés (4, 31) ; mais surtout des rencontres avec la mort, spécialement sous la forme de tombeaux (8, 13, 14, 15). En outre, deux jolies « Guitares », où le Penseur retourne à la chanson, avec beaucoup de goût. Enfin, quelques poèmes d'amour assez faibles inspirés par Juliette Drouet (24, 25, 27, 30).

La grande originalité du livre, c'est certainement la recherche du Tout. Non content de vouloir réunir ses deux inspirations poétiques en un seul mouvement oscillatoire, ou plutôt en un mouvement de spirale ascendante, où le dispersé converge à mesure que l'on s'élève vers Dieu, le poète veut aussi, dans une nature inextricable, labyrinthique, faite de mille détails perçus de plus en plus précisément, trouver la *correspondance* totale. La lutte, constamment présente désormais chez Hugo, et traduite par l'*antithèse*, cherche sa résolution dans le monisme, c'est-à-dire la réconciliation ou la récapitulation par le sommet ou par la profondeur, par le but ou par l'origine; et cela s'exprime par le procédé de l'*accumulation* et l'emploi persistant du mot *tout*. Déjà le centre de ralliement se précise : la création, la vie (voir 13, 18, 19, 35, 36, 40).

Ce mouvement de pensée est repris sous la forme dite « philosophique » dans le dernier poème : « Sagesse ». L'audition des voix ici culmine; le poète est pris entre trois voix, qui lui disent : « Pourfends ton siècle! — Pardonne-lui! — Qu'importe?... » Ce sont celles de trois dieux : le Juge, souverain sur sa création; le Père, qui pourrait concilier par la tolérance; enfin Pan, le Tout, un dieu qui n'a pas besoin qu'on le prie parce qu'il est au cœur de tout, serein, impassible... Laissons faire le temps, conclut le poète, et ne composons pas notre sagesse avec trop peu de choses. La bienveillance universelle sera chez lui une première étape de la conciliation. Car c'est l'amour qui unit et révèle tous les êtres.

LE GRAND ŒUVRE DE L'EXIL

Les Contemplations (1856). C'est certainement le sommet de la poésie lyrique de Victor Hugo, et l'on ne devrait même pas en donner de morceaux choisis, si l'on veut en croire l'auteur lui-même. Car ce n'est pas la plus mince originalité de ce livre que d'être — à partir d'un choix opéré parmi des centaines de poèmes écrits depuis 1840, et surtout d'autres, écrits à Jersey et à Guernesey (1853-1856), mais souvent antidatés — un *tout* composé dans un ordre voulu, architecturé. L'œuvre comporte deux parties : « Autrefois », « Aujourd'hui », avec pour date pivot 1843 (la mort de Léopoldine); dans chaque volume, trois parties, et à chacune un titre :

I. — *Aurore.* C'est la jeunesse : celle de l'auteur, avec ses premiers émois amoureux et ses bouillantes polémiques; c'est la jeunesse de ses filles, celle de la campagne au printemps. La vocation poétique s'éveille à travers un tumulte un peu prétentieux : c'est l'époque de la bataille d'*Hernani.*

II. — *L'Âme en fleur.* Avant les rudes tâches pressenties à la fin du premier livre (« Halte en marchant ») et qui seront inaugurées au livre III, c'est le rêve amoureux. Hélas! Victor Hugo n'est pas toujours très inspiré sur ce chapitre! « Tout conjugue vers le verbe *aimer* », certes, mais avec un renfort fastidieux de petits oiseaux et de fleurs. Cependant, il sait trouver dans l'évocation de son amour (actuel) pour Juliette Drouet des accents sincères et une atmosphère intime qui annoncent Verlaine.

III. — *Les Luttes et les rêves.* Victor Hugo évoque ici l'époque 1830-1840, celle des *Chants du crépuscule,* des *Voix intérieures :* attention portée sur les moindres rencontres ou événements, poids du siècle à porter, rêves humanitaires (« Mélancholia », poème « social » au ton mélodramatique). C'était l'époque où déjà des visions effrayantes venaient lui ouvrir des révélations inattendues sur l'au-delà ou l'en deçà (3, « Saturne »; 11, « ? »; 12, « Explication »), et où commençait à le hanter le mystère du Mal. Le recueil se clôt par une méditation colossale (« Magnitudo parvi »), commencée en 1836 et menée à terme en 1855.

IV. — *Pauca meae*[1]. Le souvenir, sans cesse renaissant, de sa fille Léopoldine, noyée avec son mari en 1843, l'amène lentement à la résignation personnelle. Mais en tant que penseur il est maintenant lancé dans une quête sans fin du sens de la mort et, à travers elle, du sens de la vie, qui l'amènera « au bord de l'infini ».

V. — *En marche.* Curieux titre, car tout paraît arrêté! Le poète n'arrive pas à se dégager de ses souvenirs. Il fait halte près de quelques bergers, s'adresse à des femmes douces et discrètes, contemple des crépuscules. Tout concourt à lui faire prendre conscience qu'il est vieux, qu'il a fait son temps. Le dernier poème : « les Malheureux », nous révèle que cette longue halte était une descente au fond de la douleur, et que le poète y a trouvé la totale compassion, la souffrance inexplicable *des autres;* « le sublime est en bas », c'est-à-dire dans l'abjection portée par le Christ. C'est une réponse qui va enfin lever le scandale de la souffrance et lui permettre de contempler le gouffre de la Mort sans horreur : « Il n'est qu'un malheureux, c'est le méchant, Seigneur. » Il fallait, pour dernière marche avant le gouffre, « laisser derrière soi le désespoir ».

VI. — *Au bord de l'infini.* Le voilà, ce gouffre; une fois franchi le pont de la prière (1), tout espoir est permis; j'irai! scande Victor Hugo sur un rythme allégé (2, « Ibo »). Et désormais il ne cesse de jeter des ponts, de lancer des sondes vers un mystère total, qu'il veut unifier de plus en plus : les astres et les morts, l'océan et l'esprit de Dieu, les morts et la terre où ils retournent, et qui porte la Vie; et si l'opacité demeure, on s'entêtera à répéter le nom de Jéhovah (16). Car, somme toute, cette ténèbre est notre seule lumière : *l'explication sainte et calme est dans la tombe.* Le veilleur attendra l'aurore (21), le chrétien nourrira son espérance par l'imagination s'il le faut (22); en tous cas, les ailes de l'espérance,

---

1. Peu (de vers) pour ma chère (enfant). Encore un souvenir d'un vers de Virgile. On remarquera l'opposition avec le titre latin précédent (la Grandeur du petit).

si elles se cassent au zénith, redescendent en prière (21), et les chercheurs qui, depuis des siècles, se relaient pour capter la moindre parole du Grand Caché arriveront certainement, arrivent déjà à donner à l'humanité la Lumière, et des lumières (23, « les Mages »). La « Bouche d'ombre », pour clore ce livre, formulera la synthèse philosophique de toutes ces recherches et explications que l'auteur a tentées à l'aide de sa foi, mais aussi bien à l'aide du spiritisme, des hallucinations, des sciences occultes. Et ce livre, il ne reste plus qu'à l'envoyer, le jour des morts, à celle qui a provoqué la rédaction de cette histoire d'une âme et dont la mort est à la source de toutes ces formidables méditations, à la jeune morte, « à celle qui est restée en France ».

« *Les Contemplations* sont l'histoire de son ascension à travers la vie, de même que *la Légende des siècles* va relater l'ascension de l'humanité à travers les civilisations, le long de la spirale des siècles » (M. Levaillant).

AUTRES GRANDES ŒUVRES DE L'EXIL

Si *les Contemplations* restent la seule œuvre qui puisse se classer, selon la nomenclature traditionnelle, dans l'inspiration lyrique, toute la création de Victor Hugo en exil participe à sa vision poétique et philosophique du monde. **Les Châtiments** (1853) sont une monumentale satire contre Napoléon III, utilisant tous les tons, depuis la chanson de boulevard jusqu'à l'hymne, à l'épopée, au grand pamphlet vindicatif, la méditation philosophique.

La Légende des siècles (1859). Cette œuvre semble porter à son comble le don visionnaire et la recherche prophétique qu'on voit progresser dans les recueils dits « lyriques », mais le caractère dominant du recueil reste l'inspiration épique : le cadre du poème narratif, la dimension même de la plupart des pièces qui composent le recueil, le lien chronologique qui crée une continuité entre ces grandes images de « la Légende écoutée aux portes de l'Histoire » ne permettant guère d'isoler certains éléments de l'ensemble dans un recueil de poésies lyriques.

Quant aux *Misérables* (1862), bien que ce soit un roman, il faut en faire mention ici; une fois de plus, nous sommes en présence d'un aboutissement et d'un éclatement. La préoccupation sociale y trouve sa matière dans une observation plus ample des faits, donc dans le récit en prose, alors que seules les anecdotes ou les vues d'ensemble pouvaient trouver place dans des poèmes. Mais la réflexion humanitaire des livres lyriques, et la vision du monde en lutte et en ascension écartent l'auteur du roman dit « réaliste »; par une influence réciproque, les personnages du roman s'élèvent au rang de symboles — et le roman devient épique —, mais aussi la grande vision prophétique descend sur la Terre, au niveau des réalités actuelles : les Ténèbres s'appellent ignorance, misère, la

« Lumière-Liberté » se conquiert sur les barricades. Mais elle éclôt aussi dans les âmes par l'amour, le don de soi, la conversion du criminel — et le lyrisme parcourt ce livre, qui fait éclater toutes les séparations de genres.

DERNIERS RECUEILS

L'essentiel est donné, ou le sera lorsque la publication de *la Légende des siècles* tirera à sa fin (1877 et 1883). Les deux volets célestes de ce triptyque, *Dieu* et *la Fin de Satan,* inachevés, seront publiés après la mort de Victor Hugo. Mais la fécondité littéraire du vieillard reste effrayante. **Les Chansons des rues et des bois** (1865) constituent un recueil inégal et comptent beaucoup de chansons trop longues. Le poète sexagénaire veut se détendre de ses accouchements monumentaux en folâtrant, mais sa plume a pris l'habitude de ne pas savoir s'arrêter, et son humour, comme presque toujours, est plutôt éléphantesque.

Le rafraîchissement, et même un peu de vrai rajeunissement, c'est *l'Art d'être grand-père* (1877). De ce livre méconnu, plutôt que les histoires un peu gâteuses de confitures et de pain sec ou les tableautins touchants de Jeanne endormie, nous avons extrait quelques fragments qui nous montrent le père Hugo, devenu bon-papa certes, mais gardant sa hantise de voir le fond des choses, et découvrant dans l'enfance non point tant une gentillesse délassante pour un adulte aigri contre les vices de son siècle, qu'un nouveau mystère à sonder, un autre « gouffre », mais celui-là réconfortant, d'où sort, pour parler de Dieu, une voix plus sereine.

La satire anticléricale et les discours humanitaires du *Pape* (1878), le grand survol historique de *la Pitié suprême* (1875-1879), le bilan négatif qu'il dresse dans ses multiples essais de synthèse entre *Religions et religion* (1870-1880), tout cela n'ajoute que fort peu à la gloire de l'auteur. Il a eu bonne idée d'y concentrer (si l'on peut dire) toute sa philosophie rimée, qui n'a rien à voir avec les poèmes dits à tort « philosophiques » (des *Contemplations*, notamment), et qui sont à comprendre d'abord comme des visions.

Des **Quatre Vents de l'esprit** (1881), comme de **Toute la lyre** (1888-1899), il y a certes une foule de bons vers ou de bons poèmes à tirer, mais ces ramassis de textes jetés au rebut des reliquats — rebuts pieusement conservés par l'auteur — sont surtout utiles à l'historien et au critique. Même remarque pour les recueils ou ramassis posthumes : *Océan, Dernière Gerbe* (1902), *Tas de pierres.*

TOUT DIRE

Nous avons évoqué, en survolant l'œuvre poétique de Victor Hugo, la naissance et le développement de sa vocation[1]. Quand il l'a

---

1. Voir l'étude de B. Guyon, *la Vocation poétique de V. Hugo* (Annales, falcuté des lettres d'Aix, 1953 [n° 4]).

perçue, il a découvert que tout peut, tout doit devenir matière à poésie, dès lors que la poésie se fait langage d'hommes (« Réponse à un acte d'accusation »). Le style lyrique peut accueillir le quotidien, les faits divers, les chiffres, les noms propres ou les mots sales. C'est le langage poétique moderne qui est désormais possible. Il faudra aller plus loin, tout dire de toute sa vie (*Contemplations*), et sur tous les tons possibles; et par là rejoindre davantage l'humanité. Qu'il ait vu clair en lui ou dans les autres, cela compte moins que son effort pour parler à tous, pour que chacun ait sa part. Dans un regard jeté par la fenêtre d'une mansarde ou en scrutant l'histoire des siècles, ne jamais passer sans avoir cherché à rencontrer les mystères essentiels, voilà l'exemple qu'il nous donne.

Et si pendant l'exil il tente par tous les moyens, y compris les fameuses tables tournantes, d'entrer plus avant dans l'abîme, c'est essentiellement par la création verbale qu'il y parviendra.

Qu'il reçoive de Dieu mission de parler, ou qu'il aille lui arracher des parcelles de révélation, le poète est poète. Son outil, et plus que cela : son acte, c'est la création verbale, c'est le mot.

> Car le mot c'est le Verbe, et le Verbe c'est Dieu.

Quels que soient les défauts de ses poèmes, on devra donc d'abord et toujours lire Victor Hugo comme un poète, se laisser guider par la logique même qui l'a fait créer : celle de la vue qui devient vision et, au sens fort du mot, métaphore, c'est-à-dire transfert d'une réalité dans une autre; vibrer à ce qui l'a rendu vibrant, rêver comme on voudra, sans s'offusquer, en philosophe ou en politicien, sur ce qui n'est que produit du rêve; goûter sans honte le plaisir des mots, des rythmes, des sons; car cela est chose fabriquée, chose belle, donc en dépit de tout, approche de l'absolu.

Il faut aussi accepter cette règle du jeu : que lorsque Victor Hugo atteint vraiment la poésie, il le fasse sur n'importe quel ton, et que la chanson ne soit pas inférieure à une belle période, et qu'un poème long, même avec des « trous », des chevilles, doive être lu tel quel : on n'aurait pas l'idée d'enseigner la musique de Bach ou de Wagner en éliminant tout morceau qui dépasse trente mesures.

Il faudrait enfin connaître la Bible aussi bien que Victor Hugo. C'est peu de dire qu'il la cite souvent. Il en était pétri. Il avait assimilé sa conception de l'histoire comme geste divine du salut; il puisait aux apocalypses et aux prophètes non seulement une rhétorique[1], mais aussi un sens de la vision et de la parole divine transformantes; du Livre de Job, il n'a pas seulement extrait quelques phrases sur le Juste souffrant et persécuté qui aspire à mourir, mais encore son mouvement profond, où il retrouve celui des « Mages » : parler pour obliger Dieu à parler; tout dire, sans peur de blasphé-

---

1. G. Grillet, *la Bible dans Victor Hugo*. Cette thèse contient un répertoire complet des citations ou allusions bibliques chez Hugo.

mer, et même appeler Dieu de tous les noms, pourvu qu'avec lui on veuille entamer un dialogue; refuser les consolantes explications des clercs sur le Mal; et finalement, à force d'interroger, obtenir que Dieu vous conduise par la main à l'intérieur de ses créatures, fût-ce les monstres comme Béhémoth ou Léviathan. Parce que, pour Hugo comme pour Job, Dieu est un être qu'on n'arrive pas à éliminer, qui vous entoure, parfois jusqu'à vous oppresser, et qu'on harcèle parce qu'il tient, lui, les deux bouts de la chaîne, qu'il sait le fond des choses, qu'il voit le Tout, et qu'il le fait à travers les méandres de l'effort humain.

Les normes de notre collection ne sauraient permettre de donner une image complète d'une œuvre poétique aussi variée que celle de V. Hugo. On a préféré insister sur certains aspects de son inspiration. Notre anthologie ne contient aucune pièce des recueils antérieurs à 1830 (Odes et Ballades, les Orientales) **ni de** la Légende des siècles. **Les volumes de la même collection réservés à chacun des recueils de V. Hugo permettront de compléter l'initiation proposée ici.**

LEXIQUE

Les mots réunis dans cette liste ont été choisis parmi les plus significatifs de l'inspiration du poète; ils sont marqués d'un astérisque * dans le texte.

Ame : I. *Cœur, affectivité* (« Ce siècle... », 70); source de tendresse, de chaleur, de communion (« Tristesse d'O. », 17, 34, 49, 83; « A quoi je songe ? », 30; « Réponse... », 225; « Veni... », 9; « A Villequier », 5, 101, 139, 143, 156; « Dolorosae », 25; « Jardin des Plantes », 8).

2. *Moi, conscience,* avec un aspect *passif* de réceptacle des souvenirs (« Ce siècle... », 42; « A Eugène... », 41; « Tristesse d'O. », 157, 166; « A Villequier », 39; « Magnitudo... », 773).

3. *Écho des voix du monde* (« Ce siècle... », 42; « Magnitudo... », 20, 300, 699; « Écrit sur la plinthe... », 23).

4. *Sens chrétien,* avec son double aspect : *destinée immortelle* (« Magnitudo... », 48; « A quoi songeaient... », 29; « Cadaver », 40; « A Villequier », 85, etc.) et *capacité de rayonner Dieu* (luire) *ici-bas* (« Stella », 10; « Magnitudo », 699; « Jardin des Plantes », 28).

5. *Souffle vital, vie* : individuelle (« Je respire », 18, 29; « Magnitudo », 789); présente en toutes choses (« A A. Dürer », 36; « Tristesse d'O. », 29; « Éclaircie », 8); passant de l'individu au tout (« Cadaver », 13, 43).

Écho : I. *Sens propre* (« Oceano nox », 39).

2. *Trace laissée par les voix humaines sur les objets* (« A Eugène... », 54).

3. *Réponse des amoureux aux voix de la nature* (« Tristesse d'O. », 106).

4. *L'âme du poète, écho sonore* (« Ce siècle... », 66).

Esprit : 1. *Pensée, mémoire, yeux de l'âme* (« la Pente de la rêverie », 31, 68; « Réponse... », 216; « Veni... », 6).

2. *Âme* (sens vague) [« Magnitudo », 262, 291, 788; « A Villequier », 84, 111].

3. *Génie* (« Ce siècle... », 57; « Stella », 37; « Magnitudo », 765, 785; « Jardin des Plantes », 48).

4. Par opposition à l'âme, plus passive, *l'esprit rêve, scrute, sonde* (« Magnitudo », 3; « A quoi songeaient... », 8) et surtout *marche* (« Magnitudo », 569).

Étrange : 1. *Qui s'égare dans le mal* (« A Eugène... », 25; « la Prière pour tous », 20).

2. *D'un autre monde et d'une autre mesure que nous* (« Magnitudo », 76; « Cadaver », 37).

Gouffre, abîme : *profondeur à la fois insondable et sans repère, donc requérant la Lumière; radieux et obscur* (« Magnitudo », 46; « Cadaver », 8, 27; « Jardin des Plantes », 24, 86). S'applique à l'âme (« Ce siècle... », 41; « Tristesse d'O. », 164; « A Villequier », 107); au cosmos (« Magnitudo », 46, 91, 219, 725, 738, 739, 793, 797; « Jardin des Plantes », VIII, 40). Voir « Éclaircie », 36 et tout le poème.

Hideux : *monstrueux, énorme, effrayant, donc fécond et fascinant* (« la Pente de la rêverie », 115; « A A. Dürer », 13; « Réponse... », 4; « Magnitudo », 99).

Luire, reluire : *Donner aux hommes des étincelles ou des reflets de la! umière divine* (« Dicté après juillet 1830 », 129; « Ce siècle... », 64; « Stella », 29; « Réponse... », 208).

Noir. Le sens figuré est toujours superposé au sens concret si celui-ci est utilisé. Adjectif capital (voir les études de G. Picon sur Hugo dessinateur). Texte clé : « Magnitudo », 217 et suivants.

1. *Désespoir, deuil, oubli* (« Je respire... », 38; « Oceano nox », 29); notamment à cause de l'absence de Dieu (« A Villequier », 80, 107).

2. *Qui ne révèle pas Dieu, matière brute* (« Réponse... », 70).

3. *Épithète du mystère, obscur à nos yeux aveugles, mais divin* (« A Eugène... », 7; « Magnitudo », 92; « A quoi songeaient... », 31). Dans la nature, végétale surtout, la vie circule du noir au blanc, esprit se frayant un chemin dans la matière (« A A. Dürer », 2, 21).

Océan : outre le sens propre.

1. *Amas vaste et confus de la pensée* (« A Eugène... », 12, 178).

2. *Le peuple, nombreux, prêt à se déchaîner* (« Stella », 18, 35).

3. *L'insondable espace-temps* (« la Pente de la rêverie », 131 et suivants).

Ombre : 1. *Fantôme* (« A la Colonne », 159, 195, 239; « Tristesse d'O. », 122; 141; « Oceano nox », 31; « Expiation », 23; « Magnitudo », 278; « A quoi songeaient... », 2; « Dolorosae », 6; « Je suis fait d'ombre », 34).

2. *Tristesse et doute* (« A Eugène... », 35; « Paroles dans l'ombre », 18; « Magnitudo », 20; *exil moral* (« Je respire... », 5, 38).

3. *Séjour reculé :* le passé (« la Pente de la rêverie », 118, 122, 130); le deuil et l'oubli (« Oceano nox », 21); la mort (« Veni... », 11; « A Villequier », 15; « Cadaver », 9); la retraite et le recueillement (« A A. Dürer », 37; « Magnitudo », 259, 285, 304; « A la Colonne », 204; « Tristesse d'O. », 125); l'obscurité (« Réponse... », 50; « Jardin des Plantes », 76).

4. *Dans l'homme : reflet d'une réalité dans la pensée* (« A quoi je songe ? », 4; « Tristesse d'O. », 168; « Réponse... », 4, 5; « A Villequier », 148; « Cadaver », 37); *contemplation essentielle* (« Je suis fait d'ombre... », 1, 12).

5. *Ténèbre mystique* (« Éclaircie », 10, 37), avec ses deux aspects : a) absence de Dieu (« Stella », 11, 25; « A Villequier », 59; « Magnitudo », 29, 124, 237, 688, 696, 726); b) présence voilée de Dieu dans un monde confus [chaos] (« Ce qui se passait aux F. », 161; « Réponse... », 69; « Magnitudo », 71, 226).

Rêve, rêver, rêveur. 1. *Activité confuse de la pensée* (« A Eugène », 30; « Tristesse d'O. », 39; « Stella », 2; « A quoi songeaient... », 36; « Jardin des Plantes », 17).

2. *Le plus souvent : pensée silencieuse tournée vers le fond des choses* (« Ce qui se passait aux F. », 178).

3. *Irréalité fantôme* (« Tristesse d'O. », 87; « Expiation », 22).

Rire (nom et verbe) : 1. *Ironie méchante, moquerie* (« A Eugène », 138, 147; « Veni... », 18; « Je suis fait d'ombre... », 25).

2. *Comique;* une des plus hautes activités de l'esprit humain (« Réponse », 197; « Jardin des Plantes », 75).

3. *Une des expressions normales, avec le chuchotement, des êtres inachevés ou monstrueux* (« A A. Dürer », 37).

4. *Caractéristique des vivants, des enfants, de la vie* (« Ce qui se passait aux F. », 168; « Oceano nox », 22; « A quoi je songe ? », 22; « Veni », 3; « Cadaver », 14).

Sombre : 1. *En parlant des événements et des choses : funèbre, menaçant, destructeur, mortel ou du domaine de la mort* (« Oceano nox », 14, 30 [plus sens 4]; « Réponse à un acte d'accusation », 223; « Magnitudo », 220, 282, 689, 734; « Dolorosae », 5, 18; « A Villequier », 79; « Éclaircie », 37); avec un caractère *sacré* (« Napoléon II », 2; « Expiation », 3; « A Villequier », 57, 111).

2. *En parlant de l'homme : Désespéré, dépossédé* (« Tristesse d'O. », 22; « Je respire... », 7, 30; « Veni... », 29).

3. *Grave, sérieux, entêté* (« Ultima Verba », 47; « A Villequier », 13); *qui scrute le mystère* (« Cadaver », 10). Qualificatif du rêveur, du penseur.

4. *Entre le noir et le blanc, donc lourd d'illuminations possibles* (« la Pente de la rêverie », 5, 68; « Écrit sur la plinthe... », 8; « Cadaver », 50). Avec un double caractère : *mystérieux et souvent flou* (« la Pente de la rêverie », 129; et *terrifiant* (« Magnitudo », 123; « A A. Dürer », 17; « Tristesse d'O. », 166; « Je suis fait d'ombre », 35).

Spirale : 1. *Descente interminable de la pensée vers le passé* (« la Pente de la rêverie », 7).

2. *Image du cosmos en perpétuelle extension* (« Magnitudo », 228).

3. *Mouvement d'approfondissement vertigineux du mystère* (« Je suis fait d'ombre », 11).

Urne : 1. Réservoir de l'ombre nocturne (« Réponse », 8; « Magnitudo », 14).

2. *Vase sacré :* tête humaine (« A Eugène... », 4); encensoir (« la Prière pour tous », 282); Dieu, réservoir d'amour (« Magnitudo », 756).

Vermeil : 1. *Brillant* et peut-être *rosi par le soleil* (« la Pente de la rêverie », 27).

2. *Rouge vif incandescent* (« Dicté après juillet 1830 », 246).

3. *Couleur du « rire » vital* (« A Eugène... », 84).

4. Contraire de *noir* (« Magnitudo », 240).

CHOIX DE POÉSIES
DE VICTOR HUGO

LES FEUILLES D'AUTOMNE
1831

1

CE SIÈCLE AVAIT DEUX ANS...

Le premier hémistiche caractérise bien la situation de l'auteur : il veut, à cette époque, parler à la fois de lui, de son siècle, et rejoindre dans une méditation commune ce que les circonstances avaient fait naître en même temps : Victor Hugo et l'ère napoléonienne. 1802, c'est la date de sa naissance, c'est aussi celle du traité d'Amiens avec l'Angleterre, de la mise au point du Concordat, de la promulgation du Code civil, du consulat à vie (2 août 1802), prélude au sacre.

Data fata secutus[1].
Devise des Saint John.

Ce siècle avait deux ans! Rome remplaçait Sparte[2],
Déjà Napoléon perçait sous Bonaparte,
Et du premier consul, déjà, par maint endroit,
Le front de l'empereur brisait le masque étroit.
5 Alors dans Besançon, vieille ville espagnole[3],
Jeté comme la graine au gré de l'air qui vole,
Naquit d'un sang breton et lorrain à la fois[4]

---

1. Cette devise signifie : « J'ai suivi mon destin » (Virgile, *l'Enéide*, I, 382). Les Saint John étaient une vieille famille noble d'Angleterre; **2.** Sparte symbolise ici l'austérité, la sévérité de la France pendant la période révolutionnaire; Rome représente le Consulat avec le goût du prestige, de la conquête, qui, bientôt, amènera l'Empire (1804); **3.** *Besançon*, évêché d'Empire, ne devint capitale de la Franche-Comté et ville espagnole qu'en 1595, puis revint à la France en 1674; **4.** Le grand-père paternel du poète était menuisier à Nancy; sa mère était d'une famille nantaise.

Un enfant sans couleur, sans regard et sans voix,
Si débile qu'il fut, ainsi qu'une chimère¹,
10 Abandonné de tous, excepté de sa mère,
Et que son cou ployé comme un frêle roseau
Fit faire en même temps sa bière et son berceau²,
Cet enfant que la vie effaçait de son livre,
Et qui n'avait pas même un lendemain à vivre,
15 C'est moi. —

           Je vous dirai peut-être quelque jour
Quel lait pur, que de soins, que de vœux, que d'amour,
Prodigués pour ma vie en naissant condamnée,
M'ont fait deux fois l'enfant de ma mère obstinée,
Ange qui sur trois fils attachés à ses pas
20 Épandait son amour et ne mesurait pas !

O l'amour d'une mère ! amour que nul n'oublie !
Pain merveilleux qu'un dieu partage et multiplie !
Table toujours servie au paternel foyer !
Chacun en a sa part et tous l'ont tout entier³ !

25 Je pourrai dire un jour, lorsque la nuit douteuse
Fera parler les soirs ma vieillesse conteuse,
Comment ce haut destin de gloire et de terreur
Qui remuait le monde aux pas de l'empereur,
Dans son souffle orageux m'emportant sans défense,
30 A tous les vents de l'air fit flotter mon enfance ;
Car, lorsque l'aquilon bat ses flots palpitants,
L'océan convulsif tourmente en même temps

---

    1. *Une chimère* : un fantôme, une ombre; **2.** La fragilité de cet enfant (sensible surtout dans la minceur de son cou) fit que l'on se préparait à l'enterrer prochainement; **3.** Ces expressions sont tirées de l'hymne liturgique *Lauda Sion*, où elles s'appliquent au pain eucharistique.

    ━━━━━━━ **QUESTIONS** ━━━━━━━

● Vers 1-15. La précision des détails donnés dans cet « acte d'état civil » en vers. — La valeur et la puissance des images qui situent les faits historiques de l'année 1802 (vers 1-4) : quel contraste font-elles avec les images du poète à sa naissance (vers 5-15)? Malgré le contraste, quelle comparaison s'impose entre la destinée du poète et le déroulement de l'Histoire? — Pourquoi Hugo insiste-t-il sur cette naissance hasardeuse, menacée? Est-ce un simple « attitude » romantique? Faites un rapprochement avec le récit de Chateaubriand (*Mémoires d'outre-tombe*, chapitre premier : « Ma mère m'infligea la vie »...).

Le navire à trois ponts qui tonne avec l'orage[1],
Et la feuille échappée aux arbres du rivage!

35 Maintenant, jeune encore et souvent éprouvé,
J'ai plus d'un souvenir profondément gravé,
Et l'on peut distinguer bien des choses passées
Dans ces plis de mon front que creusent mes pensées.
Certes, plus d'un vieillard sans flamme et sans cheveux,
40 Tombé de lassitude au bout de tous ses vœux,
Pâlirait s'il voyait, comme un gouffre* dans l'onde,
Mon âme* où ma pensée habite comme un monde,
Tout ce que j'ai souffert, tout ce que j'ai tenté,
Tout ce qui m'a menti comme un fruit avorté,
45 Mon plus beau temps passé sans espoir qu'il renaisse,
Les amours, les travaux, les deuils de ma jeunesse,
Et, quoiqu'encore à l'âge où l'avenir sourit,
Le livre de mon cœur à toute page écrit![2]

Si parfois de mon sein s'envolent mes pensées,
50 Mes chansons[3] par le monde en lambeaux dispersées;
S'il me plaît de cacher l'amour et la douleur
Dans le coin d'un roman ironique et railleur[4];

---

1. Le vaisseau de guerre le plus puissant, dont chaque pont est muni d'une batterie de canons; **2.** Cette attitude de vieillard que l'auteur aime à prendre dans tout ce livre, malgré ses vingt-huit ans, s'explique en partie : l'approche de la trentaine, la mort de son père en 1828, les premiers dissentiments conjugaux et l'accroissement trop rapide de sa progéniture, les difficultés croissantes de la lutte littéraire (*Marion de Lorme* interdit par la censure). Mais sans doute y a-t-il déjà, compte tenu d'une certaine pose lamartinienne, cette lourdeur de l'expérience qui suivra jusqu'au bout celui dont l'âme est un écho sonore; **3.** *Chansons* semble faire allusion aux poésies lyriques en général; **4.** *Han d'Islande* (1823) et *Bug-Jargal* (1826) sont les seuls romans jusqu'alors publiés par Hugo; il est en train de préparer *Notre-Dame de Paris*, publié en 1831, et dans lequel le personnage de Gringoire pourrait répondre à l'aspect *ironique et railleur* évoqué ici; l'allusion reste cependant imprécise.

━━━━ QUESTIONS ━━━━

● Vers 16-34. Étudiez la composition de ces deux couplets (vers 16-24 et 25-34) : en quoi s'équilibrent-ils, en quoi s'opposent-ils, par le vocabulaire, par les images, par le rythme? — L'image de la mère du poète semble-t-elle plus précise dans le souvenir que celle de son père? De quelles influences chacun d'eux a-t-il marqué la destinée de l'enfant?

● Vers 35-48. Comment le poids du passé exerce-t-il son influence sur le présent? — Étudiez la composition rythmique des vers 39-48 : montrez les procédés de rhétorique dans ce développement. — Le sentiment exprimé ici se laissait-il prévoir dès les premiers vers du poème? Peut-on y distinguer la part de l'attitude et la part de la sincérité? — Cette confidence personnelle n'est-elle pas aussi le reflet de toute une génération?

Si j'ébranle la scène avec ma fantaisie[1],
Si j'entrechoque aux yeux d'une foule choisie
55 D'autres hommes comme eux, vivant tous à la fois
De mon souffle et parlant au peuple avec ma voix;
Si ma tête, fournaise où mon esprit* s'allume,
Jette le vers d'airain qui bouillonne et qui fume
Dans le rythme profond, moule mystérieux
60 D'où sort la strophe ouvrant ses ailes dans les cieux;
C'est que l'amour, la tombe, et la gloire, et la vie,
L'onde qui fuit, par l'onde incessamment suivie,
Tout souffle, tout rayon, ou propice ou fatal,
Fait reluire* et vibrer mon âme de cristal,
65 Mon âme aux mille voix, que le Dieu que j'adore
Mit au centre de tout comme un écho* sonore!

D'ailleurs j'ai purement[2] passé les jours mauvais,
Et je sais d'où je viens, si j'ignore où je vais.
L'orage des partis avec son vent de flamme
70 Sans en altérer l'onde a remué mon âme*.
Rien d'immonde en mon cœur, pas de limon impur
Qui n'attendît qu'un vent pour en troubler l'azur[3]!

Après avoir chanté, j'écoute et je contemple[4],
A l'empereur tombé dressant dans l'ombre un temple,

---

1. *Hernani* a été représenté en février 1830; 2. Avec pureté, c'est-à-dire sans trahir mes convictions profondes, sans me livrer aux intrigues des partis; 3. Ces vers justifient l'épigraphe latine, devise d'une famille noble. Victor Hugo veut dire qu'il n'a pas renié sa noblesse, porteuse avant tout d'exigences morales; s'il a tourné au républicanisme (par l'intermédiaire du culte de Bonaparte) après avoir été royaliste, c'était seulement par approfondissement de la vérité; 4. *Chanter* (les *Odes*, les nombreux poèmes pindariques des *Chants du crépuscule*), c'est célébrer quelqu'un, Bonaparte par exemple; c'est donc prendre parti. — *Écouter*, c'est être « écho sonore », être témoin de son temps. Mais c'est aussi, au sens biblique (livres de sagesse), l'équivalent de *contempler*, c'est prendre conscience des voix sortant des choses et des êtres, du mystère qu'elles révèlent, de la Parole divine à laquelle elles renvoient. (Voir « Ce qu'on entend sur la montagne », autre poème des *Feuilles d'automne*.)

● **QUESTIONS**

● VERS 49-66. Quel lien logique unit ce développement au précédent (vers 35-48)? L'abondance de l'œuvre créée et la vitalité qu'elle suppose sont-elles en contradiction avec la *lassitude* (vers 40) du poète? — Comment Victor Hugo fait-il lui-même le bilan de sa carrière d'écrivain jusqu'en 1830? Est-il orgueilleux ou modeste? Qu'est-ce qui fait l'unité profonde des différentes œuvres? — Expliquez et commentez l'importance des vers 63-66 : en quoi cette définition du poète est-elle à la fois habile et féconde? — Étudiez le mouvement et les images en les comparant à ceux des vers 35-48.

75 Aimant la liberté pour ses fruits, pour ses fleurs,
Le trône pour son droit, le roi pour ses malheurs[1];
Fidèle enfin au sang qu'ont versé dans ma veine
Mon père vieux soldat, ma mère vendéenne!

23 juin 1830.

29

LA PENTE DE LA RÊVERIE

Ce poème est de dix ans en avance sur le reste du recueil. Il fait tache au milieu de cet ensemble encore classique de ton, souvent familier, pour ne pas dire populaire. Certes, il est structuré logiquement — autant qu'il se peut quand on veut décrire un phénomène d'imagination; il s'organise autour d'une leçon qu'il recèle, et garde un peu la roideur d'un apologue; et, néanmoins, c'est le premier poème de vrai visionnaire que l'on trouve chez Hugo. On pourra y voir (de même que dans le poème XXXII des *Chants du crépuscule*) naître peu à peu, à partir d'éléments réels, anecdotiques même, une vision; c'est-à-dire non seulement un assemblage inattendu de réalités jusque-là dispersées, séparées dans le temps et l'espace, mais vraiment le sens profond de ces réalités. Ce sens est esquissé dans les métaphores, puis, à la fin, proclamé par le mot *Éternité*, un de ces grands mots abstraits qui,

---

1. Si le poème a été réellement écrit en juin 1830, l'allusion ne peut s'appliquer à la chute de Charles X (juillet 1830), mais elle évoquerait les malheurs de la famille royale pendant la Révolution et l'assassinat du duc de Berry (1820).

■ QUESTIONS

● VERS 67-78. Ces derniers vers vous semblent-ils nécessaires à la conclusion du poème? Pourquoi Victor Hugo a-t-il considéré comme utile cette justification morale et politique en 1830? Comment ce qui pourrait paraître contradictoire à ses contemporains est-il au contraire un signe de fidélité?

■ SUR L'ENSEMBLE DU POÈME « CE SIÈCLE AVAIT DEUX ANS ». — L'architecture de ce poème : montrez qu'il est soutenu par une structure logique et par la symétrie des développements. Comment la fin fait-elle écho au début?

— Pourquoi Victor Hugo place-t-il ce poème au début de ce recueil de 1831? Quelle image donne-t-il de lui-même? Sera-t-il fidèle par la suite à la définition qu'il donne de son rôle et de sa fonction? Comparez son attitude à celle d'autres poètes romantiques au même moment.

— Le ton épique et le ton lyrique; les images et la rhétorique dans ce poème.

pour Victor Hugo, ont plus de substance et d'énergie que n'importe quel être évoqué par un mot concret.

La réalité que le poète veut embrasser ici, c'est l'histoire humaine dans sa totalité; ce sera l'ambition de *la Légende des siècles*, où la vision apocalyptique du passé humain, ébauchée ici, prendra la force d'un système, d'une révélation.

> *Obscuritate rerum verba saepe obscurantur.*
> GERVASIUS TILBERIENSIS[1].

Amis, ne creusez pas vos chères rêveries;
Ne fouillez pas le sol de vos plaines fleuries;
Et, quand s'offre à vos yeux un océan qui dort,
Nagez à la surface ou jouez sur le bord.
5 Car la pensée est sombre*! Une pente insensible
Va du monde réel à la sphère invisible;
La spirale* est profonde, et, quand on y descend,
Sans cesse se prolonge et va s'élargissant[2],
Et pour avoir touché quelque énigme fatale[3],
10 De ce voyage obscur souvent on revient pâle!

L'autre jour, il venait de pleuvoir, car l'été,
Cette année, est de bise et de pluie attristé,
Et le beau mois de mai dont le rayon nous leurre
Prend le masque d'avril qui sourit et qui pleure.
15 J'avais levé le store aux gothiques couleurs.
Je regardais au loin les arbres et les fleurs.
Le soleil se jouait sur la pelouse verte
Dans les gouttes de pluie, et ma fenêtre ouverte
Apportait du jardin à mon esprit heureux
20 Un bruit d'enfants joueurs et d'oiseaux amoureux.

---

1. « Souvent l'obscurité des réalités obscurcit les mots (qui les expriment). » Citation attribuée par le poète à un chroniqueur anglais du XIIIᵉ siècle, Gervais de Tilbury, cité par Augustin Thierry dans son *Histoire de la conquête de l'Angleterre* (1825); 2. Image inspirée de *la Divine Comédie* de Dante, à la seule différence que la spirale de l'enfer dantesque se rétrécissait jusqu'au dernier cercle; 3. Idée grecque, mais aussi biblique; il est des mystères qu'il vaut mieux ne pas entrevoir si l'on veut éviter d'être aveuglé (Œdipe), ou même tué. Voir aussi l'effroi sacré de Moïse au Sinaï et la foule qui devait se voiler les yeux.

━━━━━━ **QUESTIONS** ━━━━━━

● VERS 1-10. Comment le ton didactique de l'épître classique se trouve-t-il ici modifié? — Étudiez les images : qu'est-ce qui leur donne à la fois puissance et unité? D'où vient l'idée du voyage dans les profondeurs du mystère, telle qu'elle est exprimée au vers 10?

Paris, les grands ormeaux, maison, dôme, chaumière,
Tout flottait à mes yeux dans la riche lumière
De cet astre de mai dont le rayon charmant
Au bout de tout brin d'herbe allume un diamant.
25 Je me laissais aller à ces trois harmonies,
Printemps, matin, enfance, en ma retraite unies;
La Seine, ainsi que moi, laissait son flot vermeil*
Suivre nonchalamment sa pente, et le soleil
Faisait évaporer à la fois sur les grèves
30 L'eau du fleuve en brouillards et ma pensée en rêves[1].

Alors, dans mon esprit*, je vis autour de moi
Mes amis, non confus, mais tels que je les voi[2]
Quand ils viennent le soir, troupe grave et fidèle,
Vous avec vos pinceaux dont la pointe étincelle,
35 Vous, laissant échapper vos vers au vol ardent,
Et nous tous écoutant en cercle, ou regardant.
Ils étaient bien là tous, je voyais leurs visages,
Tous, même les absents qui font de longs voyages.
Puis tous ceux qui sont morts vinrent après ceux-ci,
40 Avec l'air qu'ils avaient quand ils vivaient aussi.
Quand j'eus, quelques instants, des yeux de ma pensée,
Contemplé leur famille à mon foyer pressée,
Je vis trembler leurs traits confus, et par degrés
Pâlir en s'effaçant leurs fronts décolorés,
45 Et tous, comme un ruisseau qui dans un lac s'écoule,
Se perdre autour de moi dans une immense foule.

Foule sans nom! chaos! des voix, des yeux, des pas.
Ceux qu'on n'a jamais vus, ceux qu'on ne connaît pas.

---

1. Ce tableau décrit la vue qu'apercevait Hugo de son domicile, alors situé rue
Jean-Goujon, à Paris, près de la Seine; 2. *Voi :* licence orthographique autorisée
à la rime, selon une tradition toute classique.

━━━━━■ QUESTIONS ━━━━━━━━━━━━━━━━━━━━━━━━

● Vers 11-30. Le plan de cette description : comment se développe-
t-elle? Pour aboutir à quoi? — Quelles sensations et quelles images pré-
dominent ici? Relevez les détails concrets et les remarques banales
qui pourraient paraître « prosaïques » : comment s'intègrent-ils à la
vision poétique? — Dans quel état psychologique se trouve le poète
grâce aux images qu'il a sous les yeux?
● Vers 31-46. La progression logique dans cette vision : pourquoi le
poète en marque-t-il si précisément les étapes? — L'importance du
vers 43 (à rapprocher du vers 32) : comment s'explique la transforma-
tion qui se produit alors? Quelle faculté nouvelle entre en jeu?

Tous les vivants! — cités bourdonnant aux oreilles
50 Plus qu'un bois d'Amérique ou des ruches d'abeilles,
Caravanes campant sur le désert en feu,
Matelots dispersés sur l'océan de Dieu,
Et, comme un pont hardi sur l'onde qui chavire,
Jetant d'un monde à l'autre un sillon de navire,
55 Ainsi que l'araignée entre deux chênes verts
Jette un fil argenté qui flotte dans les airs.

Les deux pôles! le monde entier! la mer, la terre,
Alpes aux fronts de neige, Etnas au noir cratère,
Tout à la fois, automne, été, printemps, hiver,
60 Les vallons descendant de la terre à la mer
Et s'y changeant en golfe, et des mers aux campagnes
Les caps épanouis en chaînes de montagnes,
Et les grands continents, brumeux, verts ou dorés,
Par les grands océans sans cesse dévorés,
65 Tout, comme un paysage en une chambre noire[1]
Se réfléchit avec ses rivières de moire,
Ses passants, ses brouillards flottant comme un duvet,
Tout dans mon esprit* sombre* allait, marchait, vivait!
Alors, en attachant, toujours plus attentives,
70 Ma pensée et ma vue aux mille perspectives
Que le souffle du vent ou le pas des saisons
M'ouvrait à tous moments dans tous les horizons,
Je vis soudain surgir, parfois du sein des ondes,

_____

1. Il s'agit des premiers essais de photographie : à cette époque, Daguerre réalisait des illusions d'optique et des reproductions de tableaux dans une pièce noire (le Diorama).

_____ **QUESTIONS** _____

● Vers 47-56. Le changement de rythme : comment exprime-t-il le brusque élargissement de la vision? Quelles images se détachent de ce spectacle panoramique de l'humanité? En quoi sont-elles caractéristiques? — Quelles images viennent s'enchevêtrer dans la description? Sont-elles cohérentes? Comment le poète réussit-il à leur donner une unité profonde?

● Vers 57-68. Quelle nouvelle étape est franchie dans la vision? L'image est-elle plus nette qu'aux vers 47-56? Comment se traduit l'ordre du monde vu à la fois dans la totalité du temps et de l'espace? — Étudiez le procédé de l'*accumulation* : quels mots, quels vers vous indiquent ici le sens de ce procédé? Rattachez ce fait de style à l'idée de l'*écho sonore* (« Ce siècle avait deux ans », page 30, vers 66).

A côté des cités vivantes des deux mondes,
75 D'autres villes aux fronts étranges, inouïs,
Sépulcres ruinés des temps évanouis,
Pleines d'entassements, de tours, de pyramides,
Baignant leurs pieds aux mers, leur tête aux cieux humides.
Quelques-unes sortaient de dessous des cités
80 Où les vivants encor bruissent agités,
Et des siècles passés jusqu'à l'âge où nous sommes.
Je pus compter ainsi trois étages de Romes.
Et tandis qu'élevant leurs inquiètes voix,
Les cités des vivants résonnaient à la fois
85 Des murmures du peuple ou du pas des armées,
Ces villes du passé, muettes et fermées,
Sans fumée à leurs toits, sans rumeurs dans leurs seins,
Se taisaient, et semblaient des ruches sans essaims.
J'attendais. Un grand bruit se fit. Les races mortes
90 De ces villes en deuil vinrent ouvrir les portes,
Et je les vis marcher ainsi que les vivants,
Et jeter seulement plus de poussière aux vents.
Alors, tours, aqueducs, pyramides, colonnes,
Je vis l'intérieur des vieilles Babylones,
95 Les Carthages, les Tyrs, les Thèbes, les Sions[1],
D'où sans cesse sortaient des générations.

Ainsi j'embrassais tout, et la terre, et Cybèle[2];
La face antique auprès de la face nouvelle;
Le passé, le présent; les vivants et les morts;
100 Le genre humain complet comme au jour du remords.

---

1. Ce sont les plus célèbres capitales antiques : *Babylone* symbolise le luxe et l'idolâtrie; *Carthage* et *Tyr*, la puissance maritime et commerçante; *Thèbes* peut évoquer, selon qu'on pense à la ville du Nil ou à celle de Béotie, les origines des civilisations égyptienne (voir vers 103) et grecque (voir vers 102); *Sion*, une des collines où fut bâtie Jérusalem (et, par extension, Jérusalem elle-même), symbolise la religion judéo-chrétienne; 2. *Cybèle* : déesse mère des hommes, des dieux, des animaux et des plantes, dans le monde méditerranéen. Ici l'humanité prise à sa source.

—— **QUESTIONS** ——————————————

● VERS 69-96. Montrez l'importance des vers 69-70 : quel caractère prend maintenant la vision? — Pourquoi certaines cités du passé surgissent-elles *à côté* (vers 74) des villes actuelles, tandis que d'autres surgissent par-dessous (vers 79) et s'entassent l'une sur l'autre? L'importance du vers 78; le mouvement dans cette vision. — Comment interpréter l'attente et le *grand bruit* du vers 89? En quel sens se déroule le temps dans cette vision?

Tout parlait à la fois, tout se faisait comprendre,
Le pélage d'Orphée[1] et l'étrusque d'Évandre[2],
Les runes d'Irmensul[3], le sphinx égyptien[4],
La voix du nouveau monde aussi vieux que l'ancien.

105 Or, ce que je voyais, je doute que je puisse
Vous le peindre. C'était comme un grand édifice
Formé d'entassements de siècles et de lieux;
On n'en pouvait trouver les bords ni les milieux;
A toutes les hauteurs, nations, peuples, races,
110 Mille ouvriers humains, laissant partout leurs traces,
Travaillaient nuit et jour, montant, croisant leurs pas,
Parlant chacun leur langue et ne s'entendant pas;
Et moi je parcourais, cherchant qui me réponde,
De degrés en degrés cette Babel du monde.

115 La nuit avec la foule, en ce rêve hideux*,
Venait, s'épaississant ensemble toutes deux,
Et, dans ces régions que nul regard ne sonde,

---

1. Le *pélage* (on dirait aujourd'hui *pélasgique*) serait une des langues primitives de la Grèce, dont on retrouve des traces dans certains noms de lieux; le poète y associe le nom d'*Orphée*, créateur mythique de la poésie grecque; 2. *Évandre* : prince légendaire du Latium; dans l'*Énéide* de Virgile, il accueille Énée et lui apporte son aide. Victor Hugo associe à son nom la langue étrusque (dont quelques textes nous sont parvenus, mais restent difficiles à déchiffrer), qui représente la civilisation antérieure à la civilisation latine; 3. *Runes :* caractères de l'ancien alphabet germanique et scandinave, que les frères Grimm s'étaient efforcés de déchiffrer; ces runes étaient gravées sur un immense tronc d'arbre, symbole d'*Irmensul* (ou *Irminsul*), idole de la vieille Germanie; 4. Le *sphinx* représente ici les hiéroglyphes égyptiens, récemment interprétés par Champollion.

━━━━━ **QUESTIONS** ━━━━━

● VERS 97-104. La place de ce développement dans l'ensemble de la vision; est-ce que le procédé de l'accumulation a la même valeur que dans le mouvement des vers 57-96? Relevez les antithèses : comment traduisent-elles l'idée du *Tout?* — Quelle allusion le vers 100 comporte-t-il? Peut-on voir en quoi l'image biblique de la résurrection des morts a contribué à la genèse de tout le poème? — Quelle autre image biblique se trouve amorcée au vers 101?

● VERS 105-114. En quelle image unique se condense l'infinité des temps, des lieux et des hommes? Relevez les procédés par lesquels le poète donne ses dimensions et son mouvement à l'ensemble. — Rapprochez de ce texte l'illustration de la page 37 : comment semble-t-elle avoir été conçue ou non, inspiré cette description? Que penser alors des vers 105-106? — Quelle nouvelle étape est franchie au vers 113? A quoi voit-on qu'on est passé du domaine de la rêverie à celui du rêve?

Et moi je parcourais, cherchant qui me réponde,
De degrés en degrés cette Babel du monde.

(« La Pente de la rêverie », vers 113-114.)

La Tour de Babel. Tableau de Bruegel. Musée de Sienne.

Plus l'homme était nombreux, plus l'ombre* était profonde.
Tout devenait douteux et vague; seulement
120 Un souffle qui passait de moment en moment,
Comme pour me montrer l'immense fourmilière,
Ouvrait dans l'ombre* au loin des vallons de lumière,
Ainsi qu'un coup de vent fait sur les flots troublés
Blanchir l'écume, ou creuse une onde dans les blés.

125 Bientôt autour de moi les ténèbres s'accrurent,
L'horizon se perdit, les formes disparurent,
Et l'homme avec la chose et l'être avec l'esprit
Flottèrent à mon souffle, et le frisson me prit.
J'étais seul. Tout fuyait. L'étendue était sombre*.
130 Je voyais seulement au loin, à travers l'ombre*,
Comme d'un océan* les flots noirs et pressés,
Dans l'espace et le temps les nombres entassés[1].

Oh! cette double mer du temps et de l'espace
Où le navire humain toujours passe et repasse,
135 Je voulus la sonder, je voulus en toucher
Le sable, y regarder, y fouiller, y chercher,
Pour vous en rapporter quelque richesse étrange,
Et dire si son lit est de roche ou de fange.
Mon esprit plongea donc sous ce flot inconnu,
140 Au profond de l'abîme il nagea seul et nu,
Toujours de l'ineffable allant à l'invisible...
Soudain il s'en revint avec un cri terrible,

---

1. Selon une tradition très ancienne (Pythagore), au sommet de l'échelle des êtres se trouvent les *Nombres*. Nous dirions aujourd'hui : l'équation de l'univers.

━━━━━ **QUESTIONS** ━━━━━

● Vers 115-132. Pourquoi la nuit vient-elle se mêler à ce moment de la vision? — Relevez tous les termes qui marquent la progression de l'obscurité, ainsi que les sensations et les impressions qui l'accompagnent. — Qu'est-ce que *le souffle sur la fourmilière* (vers 120)? — A partir de quel moment les mots abstraits se substituent-ils aux images? Comment le poète charge-t-il de mystère les idées exprimées par ces mots?

● Vers 133-144. L'image de l'océan : a-t-elle déjà été exploitée dans ce poème? Relevez les différentes reprises de cette image, sa valeur et sa signification, notamment dans ce développement final. — Le caractère dramatique de ce dernier épisode : comment le poète prolonge-t-il l'attente jusqu'au mot final?

Ébloui, haletant, stupide[1], épouvanté,
Car il avait au fond trouvé l'éternité.

                                    28 mai 1830.

                      37

           LA PRIÈRE POUR TOUS

   Ce poème d'inspiration chrétienne, nourri d'allusions bibliques,
est aussi un rassemblement de tous les thèmes de ce livre : crépuscules, prière, morts, enfance, fraternité, pardon. C'est à Léopoldine, alors âgée de huit ans, que ce poème s'adresse.

                                    Ora pro nobis!

                      I

Ma fille, va prier! — Vois, la nuit est venue.
Une planète d'or là-bas perce la nue;
La brume des coteaux fait trembler le contour;
A peine un char lointain glisse dans l'ombre... Écoute!
5 Tout rentre et se repose; et l'arbre de la route
Secoue au vent du soir la poussière du jour.

Le crépuscule, ouvrant la nuit qui les recèle,
Fait jaillir chaque étoile en ardente étincelle;
L'occident amincit sa frange de carmin;
10 La nuit de l'eau dans l'ombre argente la surface;

---

1. *Stupide :* stupéfait, figé de stupeur (sens premier).

──────── QUESTIONS ────────

■ Sur l'ensemble du poème « la Pente de la rêverie ». — La
composition de l'ensemble : marquez, depuis le regard jeté sur le
paysage parisien jusqu'à l'apparition du mot *éternité*, les différentes
étapes de cette vision. Tout en étant continu, le développement des
images se fait-il suivant un rythme régulier et ininterrompu? Où y a-t-il
des paliers? des moments d'accélération? Des visions claires, des
impressions confuses?

   — L'imagination du poète : quel caractère dominant donne-t-elle
à sa poésie? Les images caractéristiques de son inspiration : en quoi
entrevoit-on déjà ici certains thèmes de *la Légende des siècles?*

   — Ce poème comporte-il une signification philosophique? ou une
signification poétique?

Sillons, sentiers, buissons, tout se mêle et s'efface;
Le passant inquiet doute de son chemin.

Le jour est pour le mal, la fatigue et la haine.
Prions, voici la nuit! la nuit grave et sereine!
15 Le vieux pâtre, le vent aux brèches de la tour,
Les étangs, les troupeaux avec leur voix cassée,
Tout souffre et tout se plaint. La nature lassée
A besoin de sommeil, de prière et d'amour.

C'est l'heure où les enfants parlent avec les anges.
20 Tandis que nous courons à nos plaisirs étranges*,
Tous les petits enfants, les yeux levés au ciel,
Mains jointes et pieds nus, à genoux sur la pierre,
Disant à la même heure une même prière,
Demandent pour nous grâce au père universel.

II-VI

[Le poète demande à sa fille de prier d'abord pour ses parents,
mais surtout pour lui, car la mère, elle, est innocente comme sa
fille (II). — Il faut prier pour les vivants, pour ceux que leurs passions et leurs crimes aveuglent, comme pour ceux qui souffrent (III).
— Il faut prier pour le salut des morts, mais aussi simplement pour

---

■ QUESTIONS

● Vers 1-12. Les éléments descriptifs dans ce crépuscule : quelles
images visuelles sont liées à la fin du jour? La nuit est-elle l'obscurité
complète? A quelles lumières la nuit donne-t-elle naissance? — L'impression dominante qui se dégage de ce tableau.

● Vers 13-24. Sur quel plan se transpose maintenant l'opposition
entre jour et nuit? Rapprochez les vers 13 et 18. — Les images de l'in-
quiétude (vers 15-17) et celles de l'innocence (vers 21-24) : comment
s'opposent-elles non seulement par leur choix, mais aussi par leur
rythme?

■ Sur l'ensemble des vers 1-24. — La composition de cette partie
du poème : n'a-t-elle pas dans ses éléments descriptifs, mais aussi dans
la montée de son mouvement, quelque chose de lamartinien? Comparez avec « la Prière » de Lamartine *(Méditations)* et avec l' « Hymne
de l'enfant à son réveil » *(Harmonies).*

— Comparez à ce passage le poème de Péguy sur l'enfant qui s'en-
dort, et son hymne à la nuit *(le Mystère des saints Innocents,* éd. de
la Pléiade, pages 322-325 et 429; et la fin du *Porche du mystère de la
deuxième vertu,* pages 300-306).

— Le sentiment de la nature et l'attitude morale du poète d'après
ces strophes.

les consoler par notre souvenir (IV). — Le père peut parler parce
qu'il est sage, mais seul l'enfant peut prier parce qu'il est pur (V).
— Enfin il faut prier pour Dieu même, qui a besoin de nous comme
un pèlerin fatigué (VI).]

VII

250
    O myrrhe! ô cinname!
Nard cher aux époux[1]!
Baume! éther! dictame!
De l'eau, de la flamme,
Parfums les plus doux[2]!

255
    Prés que l'onde arrose!
Vapeurs de l'autel!
Lèvres de la rose
Où l'abeille pose
Sa bouche de miel!

260
    Jasmin! asphodèle[3]!
Encensoirs flottants!
Branche verte et frêle
Où fait l'hirondelle
Son nid au printemps!

265
    Lys que fait éclore
Le frais arrosoir!
Ambre que Dieu dore[4]!
Souffle de l'aurore,
Haleine du soir!

------

1. A la fin de la sixième partie, l'image du parfum versé par une femme aimante
sur les pieds de Jésus « en prévision de sa sépulture » entraîne le poète dans une
litanie qui a bien des analogies avec les litanies de la Sainte Vierge, mais qui
comporte en outre quantités d'allusions au *Cantique des Cantiques*. Les parfums
cités ici sont ceux qui embaument les époux du *Cantique*, c'est-à-dire Dieu et
l'Âme (ou Dieu et l'Humanité); 2. Il s'agit en effet de parfums solubles et de
parfums qu'on brûle; 3. *Jasmin* et *asphodèle* sont des fleurs très parfumées de
l'Orient méditerranéen; 4. Confusion courante entre l'ambre jaune décoratif et
l'ambre gris parfumé.

Trois jours, trois nuits, dans la fournaise

Combats de rue pendant les journées de juillet 1830.

Tout ce peuple en feu bouillonna...

(« Dicté après juillet 1830 », vers 105-106.)

Gravure de A. L. Lemercier.

270
  Parfum de la sève
  Dans les bois mouvants!
  Odeur de la grève
  Qui la nuit s'élève
  Sur l'aile des vents!

275
  Fleurs dont la chapelle
  Se fait un trésor!
  Flamme solennelle,
  Fumée éternelle
  Des sept lampes d'or[1]!

280
  Tiges qu'a brisées
  Le tranchant du fer[2]!
  Urnes* embrasées!
  Esprits des rosées
  Qui flottez dans l'air!

285
  Fêtes réjouies
  D'encens et de bruits!
  Senteurs inouïes!
  Fleurs épanouies
  Au souffle des nuits!

290
  Odeurs immortelles
  Que les Ariel[3],
  Archanges fidèles,
  Prennent sur leurs ailes
  En venant du ciel!

295
  O couche première
  Du premier époux[4]!
  De la terre entière,
  Des champs de lumière
  Parfums les plus doux!

---

1. Allusion au chandelier à sept branches du Temple de Jérusalem; **2.** Périphrase pour désigner l'herbe fauchée, si odorante; **3.** *Ariel* : idole païenne; ici évoqué selon *la Tempête* de Shakespeare, comme un génie aérien, charmant et serviable; **4.** Dieu est souvent comparé, dans la Bible, à un époux de l'Humanité. — *Premier* : principal, unique, véritable.

300   Dans l'auguste sphère,
                          Parfums, qu'êtes-vous,
                          Près de la prière
                          Qui dans la poussière
                          S'épanche à genoux?

305   Près du cri d'une âme
                          Qui fond en sanglots,
                          Implore et réclame
                          Et s'exhale en flamme
                          Et se verse à flots?

310   Près de l'humble offrande
                          D'un enfant de lin[1]
                          Dont l'extase est grande
                          Et qui recommande
                          Son père orphelin?

315   Bouche qui soupire
                          Mais sans murmurer!
                          Ineffable lyre!
                          Voix qui fait sourire
                          Et qui fait pleurer!

---

   1. Le lin est un textile antique, sobre et noble à la fois, qui prend une valeur de symbole; il est, dans la Bible, le tissu dont sont revêtus les prêtres : Racine s'en est souvenu dans *Athalie* et a donné au jeune Joas un « habit de lin » (vers 536). Victor Hugo développera le même symbole dans « Booz endormi » *(la Légende des siècles)* : Booz est « vêtu de probité candide et de lin blanc ».

──────── ● **QUESTIONS** ────────

● Vers 250-319. Les deux mouvements de ce fragment du poème : où est la transition qui les lie? Comment s'équilibrent ces deux parties? — Les images des vers 250-299 : montrez que les impressions nées des parfums se résolvent presque toujours en images visuelles. La succession de ces images est-elle logique? Comment s'enchevêtrent l'exotisme biblique et les paysages familiers, l'exaltation mystique de la nature et les décors réels? Voyez comment l'unité se fait par les impressions de pureté et de légèreté. Montrez que toutes ces images contribuent à évoquer une certaine forme d'exaltation mystique : laquelle? — Relevez dans les vers 300-319 les mots et les images qui font contrepoids à la somptueuse litanie des vers 250-299. — La strophe et le mètre choisis par Victor Hugo; quels effets en tire le poète? — Étudiez les rimes de cet extrait.

VIII-X

[Suit une description assez mièvre de la fillette priant, flanquée de son Ange (VIII). — Le désir de pureté ouvert par ces évocations se termine (IX) par une exhortation :

> Lys, garde ta blancheur!...

avec des accents qui annoncent le Verlaine de *Sagesse* :

> Reste à la solitude!
> Reste à la pauvreté!
> Vis sans inquiétude,
> Et ne te fais étude
> Que de l'éternité!

Et, pour finir, le poète prie l'Ange de garder sa fille.]

Juin 1830.

LES CHANTS DU CRÉPUSCULE 1835

Nous donnons ici des extraits de trois poèmes fortement marqués par le souvenir de Napoléon, mais nous y verrons apparaître, à côté de fragments épiques ou satiriques, un lyrisme très original, capable de chanter aussi bien la jeunesse contemporaine que la vie familiale de l'Empereur, et de parler à ce grand Ancien comme à un ami.

Le souffle de ces grands poèmes et leur système de strophes, créant de véritables mouvements de symphonie, les rattachent très nettement à l'inspiration grecque, spécialement à Pindare. Bien plus réussies que celles du premier ouvrage de Victor Hugo, ce sont donc ses véritables *odes*.

1

DICTÉ APRÈS JUILLET 1830

Titre primitif : « A la jeune France » (dans le *Globe* du 19 août 1830). Le poète s'adresse à la jeunesse étudiante, et lui dit que, grâce à sa participation aux journées de Juillet, elle est maintenant digne des grands aînés de 1789. Mais, comme dit Péguy, « il avait très bien senti que ces trois journées n'étaient pas, ne pouvaient pas être un recommencement pur et simple [...] des grandes journées révolutionnaires de la grande Révolution. [...] Il y avait eu l'Empire entre les deux. Il avait bien senti tout ce qu'il y avait eu dans ces nouvelles journées de napoléonien, de *gloire* impériale, de guerre impériale, d'épopée impériale ».

I-II

[Les jeunes combattants des journées de Juillet ont bien mérité d'être appelés les *fils des géants* de l'épopée impériale (I). — Sur un rythme pressé comme un pas accéléré (II), Victor Hugo évoque la prise de conscience qui fermenta dans les jeunes âmes, lorsque Paris se sentit « toute garottée sous un réseau d'iniques lois ». Et le troisième mouvement éclate, sur un rythme ample et triomphant :]

III

Alors tout se leva. — L'homme, l'enfant, la femme,
Quiconque avait un bras, quiconque avait une âme,
95 Tout vint, tout accourut. Et la ville à grand bruit
Sur les lourds bataillons se rua jour et nuit.
En vain boulets, obus, la balle et les mitrailles,
De la vieille cité déchiraient les entrailles;
Pavés et pans de murs croulant sous mille efforts
100 Aux portes des maisons amoncelaient les morts;
Les bouches des canons trouaient au loin la foule;
Elle se refermait comme une mer qui roule;
Et de son râle affreux ameutant les faubourgs,
Le tocsin haletant bondissait dans les tours!

IV

105 Trois jours, trois nuits, dans la fournaise
Tout ce peuple en feu bouillonna,

─────── **QUESTIONS** ───────

● Vers 93-104. L'amplification épique : étudiez les procédés (accumulation, gradation, images, rythme, allitération, etc.) qui donnent des dimensions gigantesques à cette évocation des journées de Juillet. Malgré ses exagérations, ce tableau ne donne-t-il pas, dans sa brièveté, une image assez fidèle de l'émeute parisienne?

Crevant l'écharpe béarnaise[1]
Du fer de lance d'Iéna.
En vain dix légions nouvelles
110 Vinrent s'abattre à grand bruit d'ailes
Dans le formidable foyer;
Chevaux, fantassins et cohortes
Fondaient comme des branches mortes
Qui se tordent dans le brasier!

115 Comment donc as-tu fait pour calmer ta colère,
Souveraine cité qui vainquis en trois jours?
Comment donc as-tu fait, ô fleuve populaire,
Pour rentrer dans ton lit et reprendre ton cours?
O terre qui tremblais! ô tempête! ô tourmente!
120 Vengeance de la foule au sourire effrayant!
Comment donc as-tu fait pour être intelligente
Et pour choisir en foudroyant?

C'est qu'il est plus d'un cœur stoïque
Parmi vous, fils de la cité;
125 C'est qu'une jeunesse héroïque
Combattait à votre côté.
Désormais, dans toute fortune[2],
Vous avez une âme commune
Qui dans tous vos exploits a lui*.
130 Honneur au grand jour qui s'écoule!
Hier vous n'étiez qu'une foule :
Vous êtes un peuple aujourd'hui!

Ces mornes conseillers de parjure et d'audace[3],
Voilà donc à quel peuple ils se sont attaqués!

---

1. L'écharpe blanche d'Henri IV, le Béarnais, le premier des Bourbons, symbolise la monarchie de Charles X, le dernier des Bourbons, renversée par la révolution de juillet 1830; 2. *Fortune* : destinée, situation créée par le hasard des événements; 3. Les ministres de Charles X.

——— **QUESTIONS** ———

● VERS 105-132. Dégagez l'idée essentielle de chacune des strophes : comment est construite l'argumentation? Montrez-en l'articulation logique. — Quel rôle le poète joue-t-il ici? De quelle vérité veut-il faire prendre conscience au peuple? — Les images dans les deux premières strophes : l'eau et le feu dans ces images.

135 Fléaux qu'aux derniers rois d'une fatale race
Toujours la Providence envoie aux jours marqués!
Malheureux qui croyaient, dans leur erreur profonde
(Car Dieu les voulait perdre, et Dieu les aveuglait),
Qu'on prenait un matin la liberté d'un monde
140   Comme un oiseau dans un filet!

     N'effacez rien. — Le coup d'épée
     Embellit le front du soldat.
     Laissons à la ville frappée
     Les cicatrices du combat!
145   Adoptons héros et victimes.
     Emplissons de ces morts sublimes
     Les sépulcres du Panthéon.
     Que nul souvenir ne nous pèse;
     Rendons sa tombe à Louis seize,
150   Sa colonne à Napoléon[1]!

V-VI

[Le rôle du poète étant de s'élever au-dessus des querelles, une fois que la Liberté a recouvré ses droits, Hugo salue noblement le départ des Bourbons (V). — Il invite alors les jeunes générations

---

1. Les restes supposés de Louis XVI, retrouvés au cimetière de la Madeleine, avaient été transportés solennellement à Saint-Denis dès le début de la Restauration. On avait à la même époque abattu la statue de Napoléon Ier, qui était en haut de la colonne Vendôme; cependant ce n'est pas seulement à la restauration de la statue que songe le poète, mais à la sépulture de l'Empereur (voir « A la colonne », page 51).

QUESTIONS

● VERS 133-140. Pourquoi le poète s'attaque-t-il non au roi déchu, mais à ses conseillers? Quel thème commun à la tragédie antique et aux moralistes chrétiens se trouve ici renouvelé par le poète romantique?

● VERS 141-150. L'adaptation de la poésie aux réalités concrètes de la politique. En quoi les mesures proposées par le poète ont-elles aussi une valeur symbolique? Rapprochez cette strophe des vers 75-77 du poème « Ce siècle avait deux ans » (page 31).

■ SUR L'ENSEMBLE DE LA PARTIE IV. — Montrez que ce passage est structuré comme une harangue politique : logique et lyrisme dans cette inspiration. Étudiez la forme strophique utilisée ici : comment s'adapte-t-elle à la double nécessité du poème? Que deviennent ici l'ode et la satire?

— Le rôle du poète face aux événements politiques : comment les domine-t-il tout en y étant engagé?

à se tourner avec espérance vers l'avenir et à répandre, comme leurs pères, la liberté. Enfin il appelle les prêtres : qu'ils reviennent prier, pourvu qu'ils ne soient plus ce clergé de la Restauration, ambitieux et riche (VI). — Sur ce dernier thème se greffe le chant final, qui est le long développement d'une comparaison, à la manière homérique :]

VII

225 Et désormais, chargés du seul fardeau des âmes,
     Pauvres comme le peuple, humbles comme les femmes,
     Ne redoutez plus rien. Votre église est le port !
     Quand longtemps a grondé la bouche du Vésuve,
     Quand sa lave, écumant comme un vin dans la cuve,
230   Apparaît toute rouge au bord,

     Naples s'émeut, pleurante, effarée et lascive ;
     Elle accourt, elle étreint la terre convulsive,
     Elle demande grâce au volcan courroucé ;
     Point de grâce ! un long jet de cendre et de fumée
235 Grandit incessamment sur la cime enflammée,
     Comme un cou de vautour hors de l'aire dressé.

     Soudain un éclair luit ! Hors du cratère immense
     La sombre éruption bondit comme en démence.
     Adieu le fronton grec et le temple toscan !
240 La flamme des vaisseaux empourpre la voilure.
     La lave se répand comme une chevelure
            Sur les épaules du volcan.

     Elle vient, elle vient, cette lave profonde
     Qui féconde les champs et fait des ports dans l'onde ;
245 Plages, mer, archipels, tout tressaille à la fois ;

QUESTIONS

■ Sur l'ensemble de la partie VII du poème « dicté après juillet 1830 ». — Le symbole et sa signification ; l'image ne va-t-elle pas au-delà de l'idée que le poète veut illustrer ?

— Hugo peintre des forces de la nature : les différentes phases de l'éruption et du séisme. Relevez et classez les comparaisons qui élargissent la description : leur variété aboutit-elle à l'incohérence ou à des effets d'harmonie ? Remarquez la place de la plupart d'entre elles dans la constitution des strophes.

— L'importance du vers 255 : quel thème, déjà exprimé dans le fragment IV, reparaît dans cette conclusion du poème ? La philosophie de l'histoire selon Hugo.

Ses flots roulent, vermeils*, fumants, inexorables;
Et Naple et ses palais tremblent, plus misérables
Qu'au souffle de l'orage une feuille des bois!

Chaos prodigieux! la cendre emplit les rues,
250 La terre revomit des maisons disparues;
Chaque toit éperdu se heurte au toit voisin;
La mer bout dans le golfe et la plaine s'embrase;
Et les clochers géants, chancelant sur leur base,
      Sonnent d'eux-mêmes le tocsin!

255 Mais — c'est Dieu qui le veut — tout en brisant des villes,
En comblant les vallons, en effaçant les îles,
En charriant les tours sur son flot en courroux,
Tout en bouleversant les ondes et la terre,
Toujours Vésuve épargne en son propre cratère
260 L'humble ermitage où prie un vieux prêtre à genoux!

                    10 août 1830.

2

A LA COLONNE

I-IV

[Hugo s'en prend, sur un ton qui annonce déjà *les Châtiments*, à ces « trois cents avocats » de la Chambre qui ont, le 7 octobre 1830, refusé le transfert des cendres de Napoléon sous la colonne Vendôme. Et pourquoi? par crainte que la nouvelle liberté s'offusque du retour d'un trop grand homme? Non, car la France sait maintenant que la liberté n'a plus rien à craindre de la gloire, sa sœur.]

V

Non. S'ils ont repoussé la relique immortelle,
150 C'est qu'ils en sont jaloux! qu'ils tremblent devant elle!
      Qu'ils en sont tout pâlis!
C'est qu'ils ont peur d'avoir l'empereur sur leur tête,
Et de voir s'éclipser leurs lampions de fête
      Au soleil d'Austerlitz!

────── **QUESTIONS** ──────────────────

● Vers 149-154. Le style de l'invective : images et rhétorique.

155 Pourtant, c'eût été beau! — Lorsque, sous la colonne,
On eût senti présents dans notre Babylone[1]
    Ces ossements vainqueurs,
Qui pourrait dire, au jour d'une guerre civile,
Ce qu'une si grande ombre*, hôtesse de la ville,
160   Eût mis dans tous les cœurs!

Si jamais l'étranger, ô cité souveraine,
Eût ramené brouter les chevaux de l'Ukraine[2]
    Sur ton sol bien-aimé,
Enfantant des soldats dans ton enceinte émue,
165 Sans doute qu'à travers ton pavé qui remue
    Ces os eussent germé[3]!

Et toi, colonne! un jour, descendu sous ta base,
Le pèlerin pensif, contemplant en extase
    Ce débris surhumain,
170 Serait venu peser, à genoux sur la pierre,
Ce qu'un Napoléon peut laisser de poussière
    Dans le creux de la main[4]!

O merveille! ô néant! — tenir cette dépouille!
Compter et mesurer ces os que de sa rouille
175   Rongea le flot marin,
Ce genou qui jamais n'a ployé sous la crainte,
Ce pouce de géant dont tu portes l'empreinte
    Partout sur ton airain!

---

1. La comparaison de Paris avec Babylone, qu'on trouve déjà dans le *Zadig* de Voltaire, est fréquente chez Hugo et chez d'autres poètes de l'époque romantique : la grandeur, la richesse de la ville, et aussi la corruption de la société qui y vit nourrissent la comparaison; 2. Par une nouvelle invasion semblable à celle de 1814; les cavaliers cosaques de l'armée russe avaient alors bivouaqué à Paris, prenant ainsi leur revanche de l'entrée de Napoléon à Moscou; 3. Image proche de celle des *Argonautiques* (encore une épopée grecque), où l'on voit les dents d'un dragon, semées en terre, germer et produire des géants tout armés; 4. C'est un lieu commun. (Voir Juvénal : « Pesez la cendre d'Hannibal. Combien de livres trouvez-vous? », Satire X, 147-148.)

● QUESTIONS ●

● Vers 155-166. Les deux aspects du thème patriotique. Étudiez les images et le vocabulaire : relevez dans celui-ci les expressions de tradition classique, qui rappellent le style des hymnes de l'époque révolutionnaire et napoléonienne (*Marseillaise*, *Chant du départ*, etc.).

Contempler le bras fort, la poitrine féconde,
180 Le talon qui, douze ans, éperonna le monde,
  Et, d'un œil filial,
L'orbite du regard qui fascinait la foule,
Ce front prodigieux, ce crâne fait au moule
  Du globe impérial !

185 Et croire entendre, en haut, dans tes noires entrailles,
Sortir du cliquetis des confuses batailles,
  Des bouches du canon[1],
Des chevaux hennissants, des villes crénelées,
Des clairons, des tambours, du souffle des mêlées,
190   Ce bruit : Napoléon !

Rhéteurs[2] embarrassés dans votre toge neuve,
Vous n'avez pas voulu consoler cette veuve
  Vénérable aux partis[3] !
Tout en vous partageant l'empire d'Alexandre[4],
195 Vous avez peur d'une ombre* et peur d'un peu de cendre :
  Oh ! vous êtes petits !

---

1. Il parle toujours à la colonne faite du bronze des canons que Napoléon prit à l'ennemi ; 2. *Rhéteur* : orateur à l'éloquence creuse ; 3. Périphrase recherchée pour parler de la Gloire, veuve de l'Empereur (suite d'une métaphore amorcée à la fin de la quatrième partie du poème) ; 4. Allusion au morcellement de l'empire d'Alexandre le Grand, partagé entre ses généraux après la mort de celui-ci.

———— QUESTIONS ————

● VERS 167-190. Étudiez le mouvement de ces strophes : comment l'invocation à la colonne soutient-elle d'une manière concrète ce mouvement « ascensionnel » (vers 167 et 185) ? — Un lieu commun (vers 167-172) est le point de départ de cette invocation : comment le thème du néant de la mort est-il ici renouvelé ? — Par quelle transition passe-t-on au thème des vers 176-184 ? Dans le portrait de l'Empereur, quels traits sont purement symboliques ? Lesquels sont liés aux traits du personnage ? Comment Hugo renouvelle-t-il le vieux procédé poétique du « blason », plus habituel à la poésie amoureuse qu'à la poésie héroïque ? — En quel sens les vers 186-190 élargissent-ils la vision ?

● VERS 191-196. A quel ton revient le poète ? L'effet de contraste avec les images des strophes précédentes. — Quelle est la suprême injure adressée par le pamphlétaire à ses adversaires ? Le Hugo de 1852 s'en souviendra : comment ?

VI

Hélas! hélas! garde ta tombe[1]!
Garde ton rocher écumant,
Où t'abattant comme la bombe
200   Tu vins tomber, tiède et fumant!
Garde ton âpre Sainte-Hélène
Où de la fortune hautaine
L'œil ébloui voit le revers;
Garde l'ombre* où tu te recueilles,
205   Ton saule sacré[2] dont les feuilles
S'éparpillent dans l'univers!

Là, du moins, tu dors sans outrage.
Souvent tu t'y sens réveillé
Par les pleurs d'amour et de rage
210   D'un soldat rouge agenouillé[3]!
Là, si parfois tu te relèves,
Tu peux voir, du haut de ces grèves,
Sur le globe azuré des eaux,
Courir vers ton roc solitaire,
215   Comme au vrai centre de la terre,
Toutes les voiles des vaisseaux!

VII

Dors, nous t'irons chercher! ce jour viendra peut-être!
Car nous t'avons pour dieu sans t'avoir eu pour maître!
Car notre œil s'est mouillé de ton destin fatal,
220 Et, sous les trois couleurs comme sous l'oriflamme[4],

---

1. Les restes de l'Empereur resteront encore dix ans à Sainte-Hélène, jusqu'en 1840; 2. Un saule ombrageait effectivement la tombe de Napoléon; 3. Image du remords et de l'admiration : un soldat anglais (à l'uniforme rouge) témoigne son respect à l'Empereur mort. Napoléon commençait à avoir de nombreux admirateurs en Angleterre; 4. L'*oriflamme* était à l'origine la bannière rouge des rois de France; elle représente ici le drapeau blanc des Bourbons; Louis-Philippe, après juillet 1830, avait repris le drapeau tricolore comme emblème national.

━━━━━ QUESTIONS ━━━━━

● Vers 197-216. L'élégie des tombeaux est un thème lyrique éternel, que la mélancolie romantique avait remis à la mode : par quelles images ce thème se trouve-t-il métamorphosé? Quels détails font pénétrer le souffle héroïque et élargissent l'horizon aux dimensions de l'univers?

Phot. « New York Times ».

C'est qu'ils ont peur d'avoir l'empereur sur leur tête.

(« A la Colonne », vers 152.)

Sommet de la colonne Vendôme.

Nous ne nous pendons pas à cette corde infâme
    Qui t'arrache à ton piédestal[1]!

Oh! va, nous te ferons de belles funérailles!
Nous aurons bien aussi peut-être nos batailles;
225 Nous en ombragerons ton cercueil respecté!
Nous y convierons tout, Europe, Afrique, Asie!
Et nous t'amènerons la jeune Poésie
    Chantant la jeune Liberté!

Tu seras bien chez nous! — couché sous ta colonne,
230 Dans ce puissant Paris qui fermente et bouillonne,
Sous ce ciel, tant de fois d'orages obscurci,
Sous ces pavés vivants qui grondent et s'amassent[2],
Où roulent les canons, où les légions passent; —
    Le peuple est une mer aussi[3].

235 S'il ne garde aux tyrans qu'abîme et que tonnerre,
Il a pour le tombeau, profond et centenaire
(La seule majesté dont il soit courtisan),
Un long gémissement, infini, doux et sombre,
Qui ne laissera pas regretter à ton ombre*
240   Le murmure de l'océan!

                      9 octobre 1830.

---

1. La statue de Napoléon, qui avait été placée sur la colonne Vendôme en 1810, en fut arrachée en 1815; 2. Les barricades de 1830; 3. Image fréquente chez le poète. Elle exprime la cohésion et les colères cachées et grondantes du peuple prêt à se soulever.

━━━ QUESTIONS ━━━

● VERS 217-240. Relevez les thèmes qui ont déjà apparu dans les parties V et VI de ce poème et dans le poème « Dicté après juillet 1830 » (page 46). Comment s'enchaînent-ils dans cette conclusion? — Commentez le vers 218. — Étudiez en particulier l'image de la mer : quelle unité assure-t-elle au texte?

■ SUR L'ENSEMBLE DES PARTIES V, VI, VII DU POÈME « À LA COLONNE ». — D'après ces trois fragments, qui constituent la partie finale du poème, étudiez la façon dont Victor Hugo construit certains de ses poèmes par éléments séparés : quels effets tire-t-il de cette diversité, sans briser cependant l'unité de son poème? Le mélange des tons et des rythmes.

    — Dans quelle mesure ce poème est-il un poème d'actualité? Sur quelle image précise est-il centré? Comment Victor Hugo réussit-il à faire déborder ce cadre limité?

    — Victor Hugo et la légende napoléonienne.

5

NAPOLÉON II

Évocation de la naissance de l'Aiglon (20 mars 1811), peu de jours après la mort de celui-ci à Schönbrunn (22 juillet 1832). Le poème, écrit en quelques jours, est daté des 4-5 août 1832. Comme tout événement auquel il se réfère, cette mort est pour le poète l'occasion d'une méditation : Victor Hugo s'était en effet montré favorable à l'idée d'une restauration bonapartiste, au bénéfice du duc de Reichstadt. La mort du fils de Napoléon prouvait au poète qu'une fatalité supérieure à la raison commande toute destinée humaine. Le ton prophétique de ce poème annonce déjà « l'Expiation » *(les Châtiments)*.

I

Mil huit cent onze! — O temps où des peuples sans nombre
Attendaient prosternés sous un nuage sombre*
    Que le ciel eût dit oui[1]!
Sentaient trembler sous eux les États centenaires,
5 Et regardaient le Louvre entouré de tonnerres[2],
    Comme un mont Sinaï[3]!

Courbés comme un cheval qui sent venir son maître,
Ils se disaient entre eux : — Quelqu'un de grand va naître!
L'immense empire attend un héritier demain.
10 Qu'est-ce que le Seigneur va donner à cet homme
Qui, plus grand que César, plus grand même que Rome,
    Absorbe dans son sort le sort du genre humain? —

---

1. En 1811, Napoléon semble à l'apogée de sa puissance : après ses victoires sur la Prusse (1806) et sur l'Autriche (1809), son mariage avec Marie-Thérèse d'Autriche a consacré son hégémonie sur l'Europe continentale; mais la France souffre des levées d'impôts et des pertes humaines provoquées par les guerres; l'Espagne résiste, l'Allemagne s'agite, la Russie s'inquiète de la poussée française vers l'Est. On attend la paix de la naissance de l'héritier; **2.** C'est au château des Tuileries, contigu au Louvre, que naquit le roi de Rome; **3.** Selon la Bible, les Hébreux regardaient avec effroi le Sinaï entouré d'éclairs, où Moïse se trouvait face au Seigneur (Exode, xix-xx).

— QUESTIONS —

● Vers 1-12. La réalité historique de 1811 (situation de l'Empire, attente d'un héritier, etc.) est-elle fidèlement traduite par la transposition poétique? — L'importance du vers 6 : quelle scène biblique transparaît à travers cette image des peuples prosternés? Comparez au *Moïse* de Vigny (vers 25-44 et 107-113). Pourra-t-on, dans la suite du poème, oublier complètement cette image? Quelle présence surnaturelle (vers 10) est désormais installée dans le poème?

Comme ils parlaient, la nue éclatante et profonde
S'entr'ouvrit, et l'on vit se dresser sur le monde
15   L'homme prédestiné,
Et les peuples béants ne purent que se taire,
Car ses deux bras levés présentaient à la terre
                    Un enfant nouveau-né[1].

Au souffle de l'enfant, dôme des Invalides,
20 Les drapeaux prisonniers sous tes voûtes splendides
Frémirent, comme au vent frémissent les épis ;
Et son cri, ce doux cri qu'une nourrice apaise,
Fit, nous l'avons tous vu, bondir et hurler d'aise
Les canons monstrueux à ta porte accroupis !

25 Et lui ! l'orgueil gonflait sa puissante narine ;
Ses deux bras, jusqu'alors croisés sur sa poitrine,
                    S'étaient enfin ouverts ;
Et l'enfant, soutenu dans sa main paternelle,
Inondé des éclairs de sa fauve prunelle,
30   Rayonnait au travers !

Quand il eut bien fait voir l'héritier de ses trônes
Aux vieilles nations comme aux vieilles couronnes,
Éperdu, l'œil fixé sur quiconque était roi,
Comme un aigle arrivé sur une haute cime,
35 Il cria tout joyeux avec un air sublime :
— L'avenir ! l'avenir ! l'avenir est à moi !

---

1. Cette attitude figure sur une médaille officielle et sur des images publiées
peu après la naissance du fils de Napoléon Ier.

────── **QUESTIONS** ──────

● Vers 13-36. La composition du tableau : comment les éléments
tirés de l'imagerie populaire de Napoléon se métamorphosent-ils en
une vision mythique ? — Quels sont d'autre part les deux sentiments
qui s'expriment en même temps dans l'attitude de l'Empereur ? Le
genre d'émotion qui agit sur le lecteur.

■ Sur l'ensemble de la partie i du poème « Napoléon ii ». — Les
circonstances qui ont donné naissance à ce poème ; comment permettent-
elles au poète d'être une fois de plus l' « écho sonore » de son temps ?
    — Rapprochez ce fragment des textes extraits du poème « A la
colonne » (page 51). Quel portrait de l'Empereur, quelle image de
sa destinée se trouvent modelés par le poète ?

II-VI

[Mais le poète réplique :

> Non, l'avenir n'est à personne!
> Sire! l'avenir est à Dieu!

Et de décrire les tristes lendemains de 1811 : les revers militaires (II) et l'exil du roi de Rome (III).
Et il évoque (IV) l'Aigle prisonnier, comme un nouveau La Balue :

> Cette grande figure en sa cage accroupie,
> Ployée, et les genoux aux dents

et qui rêve. Le rêve de Napoléon, ce n'était pas seulement son épopée, c'était aussi cet enfant. Et cet élan paternel, pour Victor Hugo, sauve Napoléon du péché de démesure.
Tous deux sont morts (V), et le poète termine sur un aveu d'ignorance et de trouble à l'égard des énormes vicissitudes de l'Histoire (VI).]

Août 1832.

LES VOIX INTÉRIEURES
1837

Ce recueil, comme l'indique son titre, exprime surtout les sentiments intimes du poète. Il ne crée pas de contraste avec les deux recueils précédents : il les prolonge. Mais l'inspiration politique tient ici moins de place : l' « écho sonore » répercute plutôt les émotions esthétiques et les confidences de la vie familiale.

10

A ALBERT DÜRER

Victor Hugo, qui fut aussi un extraordinaire dessinateur, a des correspondances profondes avec le peintre et graveur allemand Albrecht Dürer (1471-1528). Celui-ci dessina rarement des paysages, et seulement comme fond, les personnages occupant toujours le premier plan. Mais, comme en témoigne par exemple son *Hercule*, il sentait avec acuité les forces vitales présentes chez les hommes, les animaux, quelquefois les monstres ou les êtres mythologiques. Victor Hugo n'évoque ici aucun tableau particulier du « Vieux Maître ». Il faut lire ce poème comme une *transposition* au plan poétique des tendances imaginatives de Dürer, et même tout simplement de son graphisme précis, complexe, aigu et noueux, et de ses personnages fermes, musclés, riches de sève, mais toujours graves et comme traversés d'une profonde interrogation.

Dans les vieilles forêts où la sève à grands flots
Court du fût noir* de l'aulne au tronc blanc des bouleaux[1],
Bien des fois, n'est-ce pas? à travers la clairière,
Pâle, effaré, n'osant regarder en arrière,
5 Tu t'es hâté, tremblant et d'un pas convulsif,
O mon maître Albert Düre[2], ô vieux peintre pensif!
On devine, devant tes tableaux qu'on vénère,
Que dans les noirs taillis ton œil visionnaire
Voyait distinctement, par l'ombre recouverts,
10 Le faune[3] aux doigts palmés, le sylvain[4] aux yeux verts,
Pan[5], qui revêt de fleurs l'antre où tu te recueilles,
Et l'antique dryade[6] aux mains pleines de feuilles.

Une forêt pour toi, c'est un monde hideux*.
Le songe et le réel s'y mêlent tous les deux.
15 Là se penchent rêveurs les vieux pins, les grands ormes
Dont les rameaux tordus font cent coudes difformes,
Et dans ce groupe sombre* agité par le vent,
Rien n'est tout à fait mort ni tout à fait vivant.
Le cresson boit; l'eau court; les frênes sur les pentes,
20 Sous la broussaille horrible[7] et les ronces grimpantes,

---

1. Une seule sève parcourt le monde végétal (voir, dans *les Contemplations*, « Cadaver »); 2. Licence orthographique qui facilite la prosodie et rapproche la prononciation du nom de sa prononciation allemande; 3. *Faune :* génie champêtre dans la mythologie latine, moitié homme, moitié chèvre; 4. *Sylvain* (ou mieux *silvain*) : dieu latin des Arbres; 5. *Pan :* dieu grec de la Nature; son nom signifie « tout ». C'est le dieu de la Campagne, des Forces animales, de la Fécondité; 6. *Dryade :* chez les Grecs, nymphe des bois; 7. *Horrible :* hérissé.

QUESTIONS

● VERS 1-12. Relevez les expressions qui traduisent les sensations de lumière et d'ombre et montrez comment elles mettent en mouvement l'imagination du poète; d'où naît la correspondance entre les jeux de clair-obscur et les mystères de l'énergie vitale? — Quelle attitude le poète prête-t-il au peintre? L'importance des vers 6 et 8. A quoi voit-on que le poète est conscient d'interpréter d'une façon personnelle l'œuvre de Dürer? — Est-il légitime de prêter à un peintre de la Renaissance (et à Dürer en particulier) une vision mythologique de la nature (vers 10-12)? Victor Hugo voit-il le caractère divin de la campagne à la manière des poètes et des peintres de la Renaissance?

Contractent lentement leurs pieds noueux et noirs*.
Les fleurs au cou de cygne ont les lacs pour miroirs;
Et sur vous qui passez et l'avez réveillée,
Mainte chimère[1] étrange à la gorge écaillée,
25 D'un arbre entre ses doigts serrant les larges nœuds,
Du fond d'un antre obscur fixe un œil lumineux.
O végétation! esprit! matière! force!
Couverte de peau rude ou de vivante écorce!

Aux bois, ainsi que toi, je n'ai jamais erré,
30 Maître, sans qu'en mon cœur l'horreur[2] ait pénétré,
Sans voir tressaillir l'herbe, et, par le vent bercées,
Pendre à tous les rameaux de confuses pensées.
Dieu seul, ce grand témoin des faits mystérieux,
Dieu seul le sait, souvent, en de sauvages lieux,
35 J'ai senti, moi qu'échauffe une secrète flamme,
Comme moi palpiter et vivre avec une âme*,
Et rire*, et se parler dans l'ombre* à demi-voix,
Les chênes monstrueux qui remplissent les bois.

20 avril 1837.

1. *Chimère* : monstre, à tête de lion, corps de chèvre et queue de dragon;
2. L'horreur devient ici l'*horreur sacrée*, le tremblement de peur et de respect qu'on éprouve devant les mystères religieux.

─────── **QUESTIONS** ───────

● VERS 13-28. La composition de ce développement : quels vers contiennent l'idée directrice? Quelle place occupent-ils par rapport aux vers purement descriptifs? — Relevez toutes les expressions qui donnent une vie aux éléments de la nature : notez les étapes de la progression depuis la métaphore du vers 15 jusqu'à l'hallucination du vers 26. Les effets de lumière et d'ombre. — Que reste-t-il de la mythologie dans cette description? Dans quelle mesure cette interprétation correspond-elle à une certaine forme de l'art de Dürer, tout en s'harmonisant avec la vision personnelle du poète?

● VERS 29-38. Quelle nouvelle étape le poète franchit-il maintenant dans son interprétation de la nature? La puissance hallucinatoire est-elle aussi vive? Citez les mots qui nous font pénétrer dans le domaine de l'indéfinissable. — La présence et le rôle de Dieu (vers 33-34).

■ SUR L'ENSEMBLE DU POÈME « À ALBERT DÜRER ». — La composition : montrez qu'une même interprétation de la nature se présente ici sous trois aspects — mythologique, fantastique, philosophique —. Par quels liens logiques le poète réussit-il à glisser de l'un à l'autre?
— Le sentiment de la nature chez Victor Hugo en 1837 : quelles tendances de son imagination et de sa pensée se conjuguent et s'approfondissent? Doit-on dire que les vers 29-38 (notamment le vers 32) annoncent les *Correspondances* de Baudelaire?

23

A QUOI JE SONGE?...

Poème écrit à Fécamp, en Normandie, en 1836 (et non, comme le poète l'a laissé imprimer par inadvertance, en juillet 1837, puisque le recueil des *Voix intérieures* a paru en juin 1837). Ses quatre enfants (Léopoldine, douze ans; Charles, dix ans; François-Victor, huit ans; Adèle, six ans) sont restés avec leur mère et leur grand-père maternel à Fourqueux, dans la forêt de Saint-Germain.

A quoi je songe? — Hélas! loin du toit où vous êtes,
Enfants, je songe à vous! à vous, mes jeunes têtes,
Espoir de mon été déjà penchant et mûr,
Rameaux dont, tous les ans, l'ombre* croît sur mon mur!
5 Douces âmes à peine au jour épanouies,
Des rayons de votre aube encor tout éblouies!
Je songe aux deux petits qui pleurent en riant,
Et qui font gazouiller sur le seuil verdoyant,
Comme deux jeunes fleurs qui se heurtent entre elles,
10 Leurs jeux charmants mêlés de charmantes querelles!
Et puis, père inquiet, je rêve aux deux aînés
Qui s'avancent déjà de plus de flot baignés,
Laissant pencher parfois leur tête encor naïve,
L'un déjà curieux, l'autre déjà pensive!

15 Seul et triste au milieu des chants des matelots,
Le soir, sous la falaise, à cette heure où les flots,
S'ouvrant et se fermant comme autant de narines,
Mêlent au vent des cieux mille haleines marines,
Où l'on entend dans l'air d'ineffables échos
20 Qui viennent de la terre ou qui viennent des eaux,
Ainsi je songe! — à vous, enfants, maison, famille,
A la table qui rit*, au foyer qui pétille,

━━━━━━━━━ **QUESTIONS** ━━━━━━━━━

● Vers 1-14. A qui le poème est-il adressé? Victor Hugo leur parle-t-il un langage qu'ils puissent comprendre? — Les images utilisées pour peindre l'enfance : quelles sont celles qui sont familières à la pensée hugolienne? — Le sentiment paternel : en quoi est-il, dans sa simplicité, lié aux grandes aspirations du poète? — Commentez le qualificatif de *pensive* appliqué à Léopoldine (vers 14).

A tous les soins pieux[1] que répandent sur vous
Votre mère si tendre et votre aïeul si doux!
25 Et tandis qu'à mes pieds s'étend, couvert de voiles,
Le limpide océan, ce miroir des étoiles,
Tandis que les nochers[2] laissent errer leurs yeux
De l'infini des mers à l'infini des cieux,
Moi, rêvant à vous seuls, je contemple et je sonde
30 L'amour que j'ai pour vous dans mon âme* profonde,
Amour doux et puissant qui toujours m'est resté.
Et cette grande mer est petite à côté!

15 juillet 1837. — Fécamp.
Écrit au bord de la mer.

29

A EUGÈNE, VICOMTE H.

Eugène, frère aîné de Victor Hugo, était né en 1800; il avait eu lui aussi des ambitions littéraires, mais, devenu fou au lendemain du mariage de Victor (1822), il avait été soigné à l'asile de Saint-Maurice, près de Charenton, où il mourut le 20 janvier 1837.

---

1. *Soins pieux :* termes classiques. *Pieux* a ici son double sens : dicté par l'amour familial; — respectueux du mystère et de Dieu; 2. *Nocher :* mot classique et noble pour *matelot.*

■ QUESTIONS ■

● Vers 15-32. La présence de la nature : s'agit-il vraiment d'une description de la mer? A quelle impression dominante concourent les diverses sensations? Dégagez l'harmonie des « correspondances ». — Quels adjectifs et quels verbes caractérisent l'attitude du poète? Le rapport entre la nature et son état d'âme?

■ Sur l'ensemble du poème « A quoi je songe?... ». — La composition du poème : montrez qu'à chacune des deux parties correspond une attitude du poète, l'une plus souriante, l'autre plus contemplative. Quelles images de la famille lointaine correspondent à chacune des deux parties du poème?

— Le caractère du poème : rêve? rêverie? méditation? Comment cette « épître », adressée par le poète à ses enfants, est-elle un exemple typique de ce que veut faire le poète dans *les Voix intérieures?*

— Victor Hugo en 1837 : peut-on, d'après ce poème, avoir un reflet de son bonheur à ce moment?

Depuis la mort de leur père, nommé comte de Collogudo-Cuentes y Sigüenza pendant son séjour en Espagne sous les ordres du roi Joseph (1811), Abel avait pris le titre de comte, Eugène celui de vicomte et Victor celui de baron.

Puisqu'il plut au Seigneur de te briser, poète[1];
Puisqu'il plut au Seigneur de comprimer ta tête
  De son doigt souverain,
D'en faire une urne* sainte à contenir[2] l'extase,
5 D'y mettre le génie, et de sceller ce vase
  Avec un sceau d'airain;

Puisque le Seigneur Dieu t'accorda, noir* mystère!
Un puits pour ne point boire, une voix pour te taire,
  Et souffla sur ton front,
10 Et, comme une nacelle errante et d'eau remplie,
Fit rouler ton esprit à travers la folie,
  Cet océan* sans fond;

Puisqu'il voulut ta chute, et que la mort glacée,
Seule, te fît revivre en rouvrant ta pensée
15   Pour un autre horizon;
Puisque Dieu, t'enfermant dans la cage charnelle,
Pauvre aigle, te donna l'aile et non la prunelle,
  L'âme* et non la raison;

Tu pars du moins, mon frère, avec ta robe blanche!
20 Tu retournes à Dieu comme l'eau qui s'épanche
  Par son poids naturel;
Tu retournes à Dieu, tête de candeur pleine,
Comme y va la lumière, et comme y va l'haleine
  Qui des fleurs monte au ciel!

25 Tu n'as rien dit de mal, tu n'as rien fait d'étrange*.
  Comme une vierge meurt, comme s'envole un ange,

---

1. Eugène Hugo avait remporté un prix à l'académie des jeux Floraux pour une *Ode sur la mort du duc d'Enghien*; 2. Destinée à contenir.

Jeune homme[1], tu t'en vas!
Rien n'a souillé ta main ni ton cœur; dans ce monde
Où chacun court, se hâte, et forge, et crie, et gronde,
30   A peine tu rêvas*!

Comme le diamant, quand le feu le vient prendre,
Disparaît tout entier, et sans laisser de cendre,
    Au regard ébloui.
Comme un rayon s'enfuit sans rien jeter de sombre,
35 Sur la terre après toi tu n'as pas laissé d'ombre*,
    Esprit évanoui!

Doux et blond compagnon de toute mon enfance,
Oh! dis-moi, maintenant, frère marqué d'avance
    Pour un morne avenir,
40 Maintenant que la mort a rallumé ta flamme,
Maintenant que la mort a réveillé ton âme*,
    Tu dois te souvenir!

Tu dois te souvenir de nos jeunes années!
Quand les flots transparents de nos deux destinées
45   Se côtoyaient encor,
Lorsque Napoléon flamboyait comme un phare,
Et qu'enfants nous prêtions l'oreille à sa fanfare
    Comme une meute au cor!

Tu dois te souvenir des vertes Feuillantines[2],
50 Et de la grande allée où nos voix enfantines,
    Nos purs gazouillements,
Ont laissé dans les coins des murs, dans les fontaines,

---

1. Eugène Hugo avait trente-sept ans à sa mort; mais la folie, qui l'a retranché du monde, l'a frappé à vingt-quatre ans; 2. C'est l'ancien couvent des religieuses feuillantines, non loin du Val-de-Grâce, à Paris, où ils passèrent une partie de leur enfance. (Voir « Ce qui se passait aux Feuillantines », page 72.)

─────── QUESTIONS ───────

● Vers 1-36. Le mouvement de ces six premières strophes : l'ampleur et l'équilibre de la période. Quel effet en résulte? — Comment le poète considère-t-il la folie (vers 1-18)? Montrez que l'accumulation des images et leur diversité aboutissent à une impression unique. — Le thème de la pureté (vers 19-36); les images qui le développent. Comparez le thème et les expressions avec « la Prière pour tous », page 39.

Dans le nid des oiseaux et dans le creux des chênes,
    Tant d'échos* si charmants!

55 O temps! jours radieux! aube trop tôt ravie!
Pourquoi Dieu met-il donc le meilleur de la vie
    Tout au commencement?
Nous naissions! on eût dit que le vieux monastère
Pour nous voir rayonner ouvrait avec mystère
60   Son doux regard dormant.

T'en souviens-tu, mon frère? après l'heure d'étude,
Oh! comme nous courions dans cette solitude!
    Sous les arbres blottis,
Nous avions, en chassant quelque insecte qui saute,
65 L'herbe jusqu'aux genoux, car l'herbe était bien haute,
    Nos genoux bien petits.

Vives têtes d'enfants par la course effarées,
Nous poursuivions dans l'air cent ailes bigarrées;
    Le soir, nous étions las,
70 Nous revenions, jouant avec tout ce qui joue,
Frais, joyeux, et tous deux baisés à pleine joue
    Par notre mère, hélas[1]!

Elle grondait : — Voyez! comme ils sont faits! ces hommes!
Les monstres! ils auront cueilli toutes nos pommes!
75   Pourtant nous les aimons.
Madame, les garçons sont le souci des mères,
Car ils ont la fureur de courir dans les pierres
    Comme font les démons!

Puis un même sommeil nous berçant comme un hôte,
80 Tous deux au même lit nous couchait côte à côte;
    Puis un même réveil.
Puis, trempé dans un lait sorti chaud de l'étable,
Le même pain faisait rire à la même table
    Notre appétit vermeil*.

---

1. Mme Hugo mère était morte en 1821, un an avant le mariage de Victor et la folie d'Eugène.

Ses deux bras, jusqu'alors croisés sur sa poitrine,
S'étaient enfin ouverts !
(« Napoléon II », vers 26-27.)
Naissance du roi de Rome. Bibliothèque nationale.

85 Et nous recommencions nos jeux, cueillant par gerbe
    Les fleurs, tous les bouquets qui réjouissent l'herbe,
        Le lys à Dieu pareil,
    Surtout ces fleurs de flamme et d'or qu'on voit, si belles,
    Luire à terre en avril comme des étincelles
90   Qui tombent du soleil !

    On nous voyait tous deux, gaîté de la famille,
    Le front épanoui, courir sous la charmille,
        L'œil de joie enflammé... —
    Hélas ! hélas ! quel deuil pour ma tête orpheline !
95 Tu vas donc désormais dormir sur la colline[1],
        Mon pauvre bien-aimé !

    Tu vas dormir là-haut sur la colline verte,
    Qui, livrée à l'hiver, à tous les vents ouverte,
        A le ciel pour plafond ;
100 Tu vas dormir, poussière, au fond d'un lit d'argile ;
    Et moi je resterai parmi ceux de la ville
        Qui parlent et qui vont !

    Et moi je vais rester, souffrir, agir et vivre ;
    Voir mon nom se grossir dans les bouches de cuivre
105   De la célébrité ;
    Et cacher, comme à Sparte[2], en riant quand on entre,
    Le renard envieux qui me ronge le ventre,
        Sous ma robe abrité !

---

1. *La colline* où est situé le cimetière du Père-Lachaise, qui se trouvait encore, à l'époque, en dehors de l'enceinte de Paris ; 2. Xénophon raconte qu'un jeune Spartiate ayant capturé un renardeau l'avait caché sous sa tunique, et, plutôt que d'avouer son larcin, il préféra se laisser ronger le ventre par l'animal. Certains commentateurs voient dans ce *renard envieux* une première allusion à Sainte-Beuve, qui avait trahi l'amitié du poète (voir aussi vers 131).

——— ● **QUESTIONS** ———

● Vers 37-90. Le mouvement de la strophe 37-42 ; quel est son rôle dans la composition d'ensemble ? Comment les deux strophes suivantes prolongent-elles le mouvement ? Le cadre du souvenir se précise lentement : selon quelle progression ? — L'utilité de la strophe 55-60 avant que le poète commence le film des souvenirs. — Les images de l'enfance (vers 61-90) : la précision des détails anecdotiques nuit-elle à l'élévation poétique ? Comment la nature est-elle associée à ces tableaux d'enfance ?

Je vais reprendre, hélas! mon œuvre commencée,
110 Rendre ma barque frêle à l'onde courroucée,
     Lutter contre le sort[1];
Enviant souvent ceux qui dorment sans murmure,
Comme un doux nid couvé pour la saison future,
     Sous l'aile de la mort!

115 J'ai d'austères plaisirs. Comme un prêtre à l'église,
Je rêve à l'art qui charme, à l'art qui civilise,
     Qui change l'homme un peu,
Et qui, comme un semeur qui jette au loin sa graine,
En semant la nature à travers l'âme humaine,
120   Y fera germer Dieu!

Quand le peuple au théâtre écoute ma pensée,
J'y cours, et là, courbé vers la foule pressée,
     L'étudiant de près,
Sur mon drame touffu dont le branchage plie,
125 J'entends tomber ses pleurs comme la large pluie
     Aux feuilles des forêts!

Mais quel labeur aussi! que de flots! quelle écume!
Surtout lorsque l'envie, au cœur plein d'amertume,
     Au regard vide et mort,
130 Fait, pour les vils besoins de ses luttes vulgaires,
D'une bouche d'ami[2] qui souriait naguères
     Une bouche qui mord!

Quelle vie! et quel siècle alentour! — Vertu, gloire,
Pouvoir, génie et foi, tout ce qu'il faudrait croire,
135   Tout ce que nous valons,
Le peu qui nous restait de nos splendeurs décrues,
Est traîné sur la claie[3] et suivi dans les rues
     Par le rire* en haillons!

---

    1. Thème qui sera repris dans « Veni, vidi, vixi » (page 131); **2.** Il s'agit de Sainte-Beuve (voir vers 107-108), l'ami de naguère. Les intrigues de Sainte-Beuve auprès de la femme de Victor Hugo avaient causé la rupture. Quant aux articles de critique de Sainte-Beuve, ils apparaissent au poète comme dictés par l'aigreur et la rancune, alors que le critique se voulait peut-être impartial; ainsi, Sainte-Beuve avait écrit à propos des *Feuilles d'automne* : « L'envahissement du scepticisme dans le cœur du poète cause une lente impression d'effroi. » Son article sur *les Chants du crépuscule* parut venimeux à Victor Hugo; **3.** La *claie* est symbole d'infamie; on traînait autrefois sur une *claie* le cadavre des suicidés ou des condamnés à mort.

Combien de calomnie et combien de bassesse!
140 Combien de pamphlets vils qui flagellent sans cesse
      Quiconque vient du ciel,
Et qui font, la blessant de leur lance payée,
Boire à la vérité, pâle et crucifiée,
      Leur éponge de fiel[1]!

145 Combien d'acharnements sur toutes les victimes!
    Que de rhéteurs[2], penchés sur le bord des abîmes,
      Riant*, ô cruauté!
De voir l'affreux poison qui de leurs doigts découle,
Goutte à goutte, ou par flots, quand leurs mains sur la foule
150   Tordent l'impiété!

L'homme, vers le plaisir se ruant par cent voies,
Ne songe qu'à bien vivre et qu'à chercher des proies;
      L'argent est adoré;
Hélas! nos passions ont des serres infâmes
155 Où pend, triste lambeau, tout ce qu'avaient nos âmes
      De chaste et de sacré!

A quoi bon, cependant? à quoi bon tant de haine,
Et faire tant de mal, et prendre tant de peine,
      Puisque la mort viendra!
160 Pour aller avec tous où tous doivent descendre!
Et pour n'être après tout qu'une ombre, un peu de cendre
      Sur qui l'herbe croîtra!

---

1. La flagellation, la lance, la croix, l'éponge sont les quatre images principales de la passion du Christ; la Vérité est soumise au même supplice; 2. *Rhéteur* : orateur pédant et creux (sens péjoratif).

━━━━ ● QUESTIONS ━━━━

● VERS 91-150. L'enchaînement des thèmes : comparez de ce point de vue les vers 91-96 aux vers 37-42 et les strophes 97-108 aux strophes 43-54. — Que pensez-vous de la façon dont Victor Hugo en vient à parler de lui après avoir consacré sa pensée à son frère? Le sentiment de solitude et d'incompréhension est-il propre à Hugo? Montrez la façon personnelle dont Hugo traduit cette attitude. — Par comparaison avec « Ce siècle avait deux ans » (vers 49-66), comment le poète dépeint-il en 1837 son rôle de poète, ses joies et ses déceptions? Quels événements de sa carrière peuvent justifier cet état d'esprit?

A quoi bon s'épuiser en voluptés diverses?
A quoi bon se bâtir des fortunes perverses
165   Avec les maux d'autrui?
Tout s'écroule; et, fruit vert qui pend à la ramée,
Demain ne mûrit pas pour la bouche affamée
        Qui dévore aujourd'hui!

Ce que nous croyons être avec ce que nous sommes,
170 Beauté, richesse, honneurs, ce que rêvent les hommes,
        Hélas! et ce qu'ils font,
Pêle-mêle, à travers les chants ou les huées,
Comme c'est emporté par rapides nuées
        Dans un oubli profond!

175 Et puis quelle éternelle et lugubre fatigue
De voir le peuple enflé monter jusqu'à sa digue
        Dans ses terribles jeux!
Sombre océan* d'esprits dont l'eau n'est pas sondée,
Et qui vient faire autour de toute grande idée
180   Un murmure orageux[1]!

Quel choc d'ambitions luttant le long des routes,
Toutes contre chacune et chacune avec toutes!
        Quel tumulte ennemi!
Comme on raille d'en bas tout astre qui décline!... —
185 Oh! ne regrette rien sur la haute colline
        Où tu t'es endormi!

Là, tu reposes, toi! Là, meurt toute voix fausse.
Chaque jour, du levant au couchant, sur ta fosse
        Promenant son flambeau,
190 L'impartial soleil, pareil à l'espérance,
Dore des deux côtés sans choix ni préférence
        La croix de ton tombeau!

---

1. Victor Hugo songe aux événements de 1830 à 1834 (insurrections de Paris
en 1831 et 1832; de Lyon, en 1831; émeutes de 1834 dans toute la France) qui
inquiétèrent tous les esprits.

Là, tu n'entends plus rien que l'herbe et la broussaille,
Le pas du fossoyeur dont[1] la terre tressaille,
195   La chute du fruit mûr,
Et, par moments, le chant, dispersé dans l'espace,
Du bouvier qui descend dans la plaine, et qui passe
      Derrière le vieux mur!

                                        6 juin 1837.

LES RAYONS ET LES OMBRES
1840

Ce recueil contient des poèmes écrits en 1837, dont certains sont antérieurs à la publication des *Voix intérieures;* ainsi se trouve assurée la continuité d'une œuvre lyrique qui reflète, d'année en année, la vie et les préoccupations du poète; les autres pièces sont datées de 1839 et de 1840. L'inspiration politique en a presque complètement disparu; Victor Hugo, élargissant sans cesse sa vision du monde, tente de dominer les contradictions partisanes pour atteindre les grandes vérités qui lui semblent exprimer des valeurs éternelles.

19

CE QUI SE PASSAIT AUX FEUILLANTINES VERS 1813

En 1811, le général Hugo était à Madrid; sa femme et ses deux fils vinrent l'y rejoindre. V. Hugo et son frère fréquentèrent, pen-

---

1. A cause duquel la terre tressaille (*dont* a pour antécédent *le pas*).

──────── QUESTIONS ────────

● Vers 151-198. Comment se fait le passage à un nouveau thème? Le decrescendo du poème : par quelles images et quelles pensées revient-on à Eugène Hugo? — L'image finale : comparez-la aux vers 97-102.

■ Sur l'ensemble du poème « A Eugène, vicomte H. ». — La structure et la marche de ce « grand poème ». Quel est le développement logique de la pensée? Comment celle-ci s'appuie-t-elle sur deux séries d'images, celles du passé et celles du présent; celles du poète et de son frère? Quelles antithèses soutiennent l'ensemble?

— Élégie funèbre et méditation morale dans ce poème. Quels lieux communs sont rénovés ici?

dant ce séjour qui dura un an, le collège des Nobles dans la capitale espagnole; ils en gardèrent un fort mauvais souvenir. Revenus
à Paris, dans la demeure de l'impasse des Feuillantines, ils restèrent
auprès de leur mère, qui leur faisait donner quelques leçons par
un professeur particulier.

———————

[Vers 1-149. — Le poète raconte ici comment sa vocation put
éclore grâce à la nature, qui ne l'éloigna pas des hommes, bien
au contraire. Il parle à ses propres enfants et leur raconte comment
sa mère, sollicitée par « le principal d'un collège quelconque »
d'éduquer Victor dans l'austérité de la pension, hésita, puis prit,
un soir d'été, le conseil de son jardin, « écoutant au hasard les
voix qu'elle entendrait ». Et toutes choses lui dirent : *Laisse-nous
cet enfant !*]

150 « Car nous sommes les fleurs, les rameaux, les clartés,
     Nous sommes la nature et la source éternelle
     Où toute soif s'étanche, où se lave toute aile;
     Et les bois et les champs, du sage seul compris,
     Font l'éducation de tous les grands esprits!
155 Laisse croître l'enfant parmi nos bruits sublimes.
     Nous le pénétrerons de ces parfums intimes,
     Nés du souffle céleste épars dans tout beau lieu,
     Qui font sortir de l'homme et monter jusqu'à Dieu,
     Comme le chant d'un luth, comme l'encens d'un vase,
160 L'espérance, l'amour, la prière et l'extase!
     Nous pencherons ses yeux vers l'ombre* d'ici-bas,
     Vers le secret de tout entr'ouvert sous ses pas.
     D'enfant nous le ferons homme, et d'homme poète.
     Pour former de ses sens la corolle inquiète,
165 C'est nous qu'il faut choisir; et nous lui montrerons
     Comment, de l'aube au soir, du chêne aux moucherons,
     Emplissant tout, reflets, couleurs, brumes, haleines,
     La vie aux mille aspects rit* dans les vertes plaines.
     Nous te le rendrons simple et des cieux ébloui;
170 Et nous ferons germer de toutes parts en lui
     Pour l'homme, triste effet perdu sous tant de causes,
     Cette pitié qui naît du spectacle des choses!
     Laisse-nous cet enfant! nous lui ferons un cœur
     Qui comprendra la femme; un esprit non moqueur,
175 Où naîtront aisément le songe et la chimère,
     Qui prendra Dieu pour livre et les champs pour grammaire;

Une âme, pur foyer de secrètes faveurs,
    Qui luira doucement sur tous les fronts rêveurs*,
    Et, comme le soleil dans les fleurs fécondées,
180 Jettera des rayons sur toutes les idées! »

[Cette prière est écoutée par la mère du poète; il restera aux Feuillantines jusqu'à son entrée à la pension Cordier en 1814.]

                                            31 mai 1839.

                            34

                    TRISTESSE D'OLYMPIO

Olympio est un pseudonyme que le poète s'est déjà donné (*les Voix intérieures*, XXX) : « fils de l'Olympe ». — Il retourne, en octobre 1837, au hameau des Metz, dans la vallée de la Bièvre; sa maîtresse, Juliette Drouet, y avait loué une petite maison, non loin de la résidence des Hugo, et les deux amants s'y étaient retrouvés en 1834 et 1835. — Deux ans après, le poète refait seul une promenade sur les mêmes lieux, à la même saison où il y était venu avec Juliette.

Les champs n'étaient point noirs, les cieux n'étaient pas
                                            [mornes.
        Non, le jour rayonnait dans un azur sans bornes,
                Sur la terre étendu;
        L'air était plein d'encens et les prés de verdures
5   Quand il revit ces lieux où par tant de blessures
                Son cœur s'est répandu!

    L'automne souriait; les coteaux vers la plaine
    Penchaient leurs bois charmants qui jaunissaient à peine;
                Le ciel était doré;

──────── QUESTIONS ────────

■ SUR LE FRAGMENT DE « CE QUI SE PASSAIT AUX FEUILLANTINES EN 1813 ». — Quel procédé traditionnel le poète renouvelle-t-il en donnant la parole à la nature ?
    — La leçon de la nature : précisez quels sont les objets et la méthode de son enseignement. L'influence de J.-J. Rousseau dans cette page.
    — Comparez ce passage au poème « A Albert Dürer » : les deux images de la nature données par le poète sont-elles contradictoires? Pourquoi la nature est-elle ici plus accueillante et plus fraternelle?

10 Et les oiseaux, tournés vers celui que tout nomme,
   Disant peut-être à Dieu quelque chose de l'homme,
              Chantaient leur chant sacré!

   Il voulut tout revoir, l'étang près de la source,
   La masure où l'aumône avait vidé leur bourse,
15   Le vieux frêne plié,
   Les retraites d'amour au fond des bois perdues,
   L'arbre[1] où dans les baisers leurs âmes* confondues
              Avaient tout oublié!

   Il chercha le jardin, la maison isolée,
20 La grille d'où l'œil plonge en une oblique allée,
              Les vergers en talus.
   Pâle, il marchait. — Au bruit de son pas grave et sombre*,
   Il voyait à chaque arbre, hélas! se dresser l'ombre
              Des jours qui ne sont plus!

25 Il entendait frémir dans la forêt qu'il aime
   Ce doux vent qui, faisant tout vibrer en nous-même,
              Y réveille l'amour,
   Et, remuant le chêne ou balançant la rose,
   Semble l'âme* de tout qui va sur chaque chose
30   Se poser tour à tour!

   Les feuilles qui gisaient dans le bois solitaire,
   S'efforçant sous ses pas de s'élever de terre,
              Couraient dans le jardin;
   Ainsi, parfois, quand l'âme* est triste, nos pensées
35 S'envolent un moment sur leurs ailes blessées,
              Puis retombent soudain.

   Il contempla longtemps les formes magnifiques
   Que la nature prend dans les champs pacifiques;
              Il rêva* jusqu'au soir;
40 Tout le jour il erra le long de la ravine,
   Admirant tour à tour le ciel, face divine,
              Le lac, divin miroir!

---

1. Vieux châtaignier entre la demeure des Hugo et celle de Juliette. Il servit
à la fois de « boîte aux lettres » et d'abri à leurs amours.

Hélas! se rappelant ses douces aventures,
Regardant, sans entrer par-dessus les clôtures,
45   Ainsi qu'un paria,
Il erra tout le jour. Vers l'heure où la nuit tombe,
Il se sentit le cœur triste comme une tombe,
          Alors il s'écria :

« O douleur! j'ai voulu, moi dont l'âme* est troublée,
50 Savoir si l'urne encor conservait la liqueur,
Et voir ce qu'avait fait cette heureuse vallée
De tout ce que j'avais laissé là de mon cœur!

« Que peu de temps suffit pour changer toutes choses!
Nature au front serein, comme vous oubliez!
55 Et comme vous brisez dans vos métamorphoses
Les fils mystérieux où nos cœurs sont liés!

« Nos chambres de feuillage en halliers[1] sont changées!
L'arbre où fut notre chiffre est mort ou renversé;
Nos roses dans l'enclos ont été ravagées
60 Par les petits enfants qui sautent le fossé.

« Un mur clôt la fontaine où, par l'heure échauffée,
Folâtre, elle buvait en descendant des bois;
Elle prenait de l'eau dans sa main, douce fée,
Et laissait retomber des perles de ses doigts!

65 « On a pavé la route âpre et mal aplanie,
Où, dans le sable pur se dessinant si bien,
Et de sa petitesse étalant l'ironie,
Son pied charmant semblait rire à côté du mien[2]!

---

1. *Halliers :* buissons touffus; 2. Ces deux strophes ont été ajoutées après coup, pour complaire à Juliette Drouet.

────── **QUESTIONS** ──────

● VERS 1-48. La description du décor (vers 1-12) : quand on sait le lieu et la date du poème, comprend-on pourquoi le poème commence par une protestation contre une certaine image de l'automne? Qu'en conclure sur la manière dont Hugo peint la nature? — Le mouvement donné à la description à partir du vers 13. Les détails précis et les impressions d'ensemble : comment la distance entre la nature et l'attente du poète s'accroît-elle progressivement? — Le déroulement du temps : comment l'état d'âme d'Olympio évolue-t-il avec le temps qui passe? A quel moment le poète sort-il de son silence?

« La borne du chemin, qui vit des jours sans nombre,
70 Où jadis pour m'attendre elle aimait à s'asseoir,
S'est usée en heurtant, lorsque la route est sombre,
Les grands chars gémissants qui reviennent le soir.

« La forêt ici manque, et là s'est agrandie.
De tout ce qui fut nous presque rien n'est vivant;
75 Et, comme un tas de cendre éteinte et refroidie,
L'amas des souvenirs se disperse à tout vent!

« N'existons-nous donc plus? Avons-nous eu notre heure?
Rien ne la rendra-t-il à nos cris superflus?
L'air joue avec la branche au moment où je pleure;
80 Ma maison me regarde et ne me connaît plus.

« D'autres vont maintenant passer où nous passâmes.
Nous y sommes venus, d'autres vont y venir;
Et le songe qu'avaient ébauché nos deux âmes*,
Ils le continueront sans pouvoir le finir!

85 « Car personne ici-bas ne termine et n'achève;
Les pires des humains sont comme les meilleurs.
Nous nous réveillons tous au même endroit du rêve*.
Tout commence en ce monde et tout finit ailleurs.

« Oui, d'autres à leur tour viendront, couples sans tache,
90 Puiser dans cet asile heureux, calme, enchanté,
Tout ce que la nature à l'amour qui se cache
Mêle de rêverie et de solennité!

« D'autres auront nos champs, nos sentiers, nos retraites.
Ton bois, ma bien-aimée, est à des inconnus.
95 D'autres femmes viendront, baigneuses indiscrètes,
Troubler le flot sacré qu'ont touché tes pieds nus!

──────── ● QUESTIONS ────────

● Vers 49-80. L'effet produit par le changement de rythme. — La composition de ce mouvement : l'idée générale et le développement. — Les images du passé : quelle forme prend le souvenir chez Hugo? Est-il possible, dans ces conditions, que le décor reste exactement le même? — Les effets du temps : est-ce seulement l'évolution naturelle qui a transformé le paysage? Pourquoi a-t-on l'impression qu'Olympio cherche à ne voir que ce qui est changé?

« Quoi donc! c'est vainement qu'ici nous nous aimâmes!
Rien ne nous restera de ces coteaux fleuris
Où nous fondions notre être en y mêlant nos flammes!
100 L'impassible nature a déjà tout repris.

« Oh! dites-moi, ravins, frais ruisseaux, treilles mûres,
Rameaux chargés de nids, grottes, forêts, buissons,
Est-ce que vous ferez pour d'autres vos murmures?
Est-ce que vous direz à d'autres vos chansons?

105 « Nous vous comprenions tant! doux, attentifs, austères,
Tous nos échos* s'ouvraient si bien à votre voix!
Et nous prêtions si bien, sans troubler vos mystères,
L'oreille aux mots profonds que vous dites parfois!

« Répondez, vallon pur, répondez, solitude,
110 O nature abritée en ce désert si beau,
Lorsque nous dormirons tous deux dans l'attitude
Que donne aux morts pensifs la forme du tombeau,

« Est-ce que vous serez à ce point insensible
De nous savoir couchés, morts avec nos amours,
115 Et de continuer votre fête paisible,
Et de toujours sourire et de chanter toujours?

« Est-ce que, nous sentant errer dans vos retraites,
Fantômes reconnus par vos monts et vos bois,
Vous ne nous direz pas de ces choses secrètes
120 Qu'on dit en revoyant des amis d'autrefois?

« Est-ce que vous pourriez, sans tristesse et sans plainte,
Voir nos ombres* flotter où marchèrent nos pas,
Et la voir m'entraîner, dans une morne étreinte,
Vers quelque source en pleurs qui sanglote tout bas?

——————— QUESTIONS ———————

● Vers 81-108. La liaison entre ce thème et le précédent : quelles
images viennent se substituer à celles du passé? — En quoi consiste
ici la seconde trahison de la nature? — Les éléments du décor évoqué
dans les vers 49-80 reparaissent-ils ici avec la même exactitude de détails?
Relevez les expressions qui rappellent les images vues plus haut. Pourquoi celles-ci donnent-elles l'impression de s'être élargies et ennoblies?
— Le sentiment de frustration et de sacrilège qu'éprouve le poète est-il
légitime quand il s'agit de la nature dans son ensemble? Quel est le
lien entre le poète et la nature?

125 « Et s'il est quelque part, dans l'ombre* où rien ne veille,
    Deux amants sous vos fleurs abritant leurs transports,
    Ne leur irez-vous pas murmurer à l'oreille :
    — Vous qui vivez, donnez une pensée aux morts ! —

    « Dieu nous prête un moment les prés et les fontaines,
130 Les grands bois frissonnants, les rocs profonds et sourds,
    Et les cieux azurés et les lacs et les plaines,
    Pour y mettre nos cœurs, nos rêves, nos amours ;

    « Puis il nous les retire. Il souffle notre flamme ;
    Il plonge dans la nuit l'antre où nous rayonnons ;
135 Et dit à la vallée, où s'imprima notre âme,
    D'effacer notre trace et d'oublier nos noms.

    « Eh bien ! oubliez-nous, maison, jardin, ombrages !
    Herbe, use notre seuil ! ronce, cache nos pas !
    Chantez, oiseaux ! ruisseaux, coulez ! croissez, feuillages !
140 Ceux que vous oubliez ne vous oublieront pas.

    « Car vous êtes pour nous l'ombre* de l'amour même !
    Vous êtes l'oasis qu'on rencontre en chemin !
    Vous êtes, ô vallon, la retraite suprême
    Où nous avons pleuré nous tenant par la main !

145 « Toutes les passions s'éloignent avec l'âge,
    L'une emportant son masque et l'autre son couteau,
    Comme un essaim chantant d'histrions en voyage
    Dont le groupe décroît derrière le coteau.

    « Mais toi, rien ne t'efface, amour ! toi qui nous charmes,
150 Toi qui, torche ou flambeau, luis dans notre brouillard !
    Tu nous tiens par la joie, et surtout par les larmes.
    Jeune homme on te maudit, on t'adore vieillard.

─────── **QUESTIONS** ───────

● Vers 109-136. Le thème de ces strophes : comment se dégage-t-il logiquement du thème précédent pour en prendre la suite? Étudiez la transition. — Le rythme : jusqu'où monte-t-il? Comment se conclut-il? Quels sentiments sont traduits par les questions redoublées, puis par la réponse que le poète donne à sa propre question? — Les aspects de la nature évoquée ici : montrez qu'il y a un nouvel élargissement des perspectives et qu'on arrive à une vision universelle. Cet appel aux différents éléments de la nature n'avait-il pas été lancé bien auparavant par un autre poète?

« Dans ces jours où la tête au poids des ans s'incline,
Où l'homme, sans projets, sans but, sans visions,
155 Sent qu'il n'est déjà plus qu'une tombe en ruine
Où gisent ses vertus et ses illusions;

« Quand notre âme* en rêvant descend dans nos entrailles,
Comptant dans notre cœur, qu'enfin la glace atteint,
Comme on compte les morts sur un champ de batailles,
160 Chaque douleur tombée et chaque songe éteint,

« Comme quelqu'un qui cherche en tenant une lampe,
Loin des objets réels, loin du monde rieur,
Elle arrive à pas lents par une obscure rampe
Jusqu'au fond désolé du gouffre* intérieur;

165 « Et là, dans cette nuit qu'aucun rayon n'étoile,
L'âme*, en un repli sombre* où tout semble finir,
Sent quelque chose encor palpiter sous un voile... —
C'est toi qui dors dans l'ombre*, ô sacré souvenir! »

21 octobre 1837.

───── QUESTIONS ─────

● VERS 137-168. S'attendait-on au mouvement qui s'amorce au vers 137?
Est-il naturel que le poète se dégage ainsi du thème de la mort et de
l'oubli? — Comment revient le thème de la fuite du temps, dégagé
maintenant de toute dépendance à l'égard de la nature? — Étudiez
le mouvement et les images qui traduisent la descente et le déclin vers
la vieillesse, le dénuement et la mort; comment l'auteur réussit-il malgré cela à faire de ce final une victoire non seulement sur les trahisons
de la nature, mais aussi sur les trahisons du destin?

■ SUR L'ENSEMBLE DE « TRISTESSE D'OLYMPIO ». — Le plan du poème :
comment est-il souligné par le rythme? Les grands thèmes : la nature,
l'amour, la mort. Comment s'entrelacent-ils en étant soutenus par le
thème de la fuite du temps?

— Quel cadre traditionnel du poème romantique retrouvons-nous
ici? Comparez la rêverie d'Hugo à celle de Lamartine (le Lac) et de
Musset (Souvenir) sur la nature et le souvenir. Faites également une
comparaison avec la fin de « la Maison du berger » (vers 267-336,
d'Alfred de Vigny).

— La sincérité d'Olympio : quels détails donnent à la vision de la
nature et aux sentiments une sorte de réalité? La construction rhétorique de l'ensemble et les procédés oratoires faussent-ils la spontanéité?

— Le sentiment de la nature, tel qu'Hugo l'exprime dans d'autres
poèmes, n'est-il pas rétréci dans « Tristesse d'Olympio » par une réaction de propriétaire dont il ne se défait à la fin qu'en s'assurant une
autre possession?

42

OCEANO NOX

Victor Hugo, qui avait déjà fait des voyages en Bretagne et en Normandie en 1834 et 1835, avait assisté le 16 juillet 1836 au déchaînement de l'ouragan sur les falaises de Saint-Valery-en-Caux. Ce sont ces impressions directes qu'il traduit dans cette pièce datée de juillet 1836.

Plus encore que le poème « A quoi je songe?... » (voir page 62), qui date de la même époque, ce poème est la première apparition d'une image directe de l'Océan dans le paysage poétique de V. Hugo. Jusque-là, la mer avait été pour lui une source de métaphores (le peuple Océan); elle devient une réalité, avant de devenir, lors de l'exil, son interlocuteur quotidien.

Le titre de ce poème est emprunté à Virgile (*l'Enéide*, II, vers 250) : *Ruit oceano nox*, c'est-à-dire « La nuit s'écroule sur l'Océan ».

    Oh! combien de marins, combien de capitaines,
    Qui sont partis joyeux pour des courses lointaines,
    Dans ce morne horizon se sont évanouis!
    Combien ont disparu, dure et triste fortune!
 5 Dans une mer sans fond, par une nuit sans lune,
    Sous l'aveugle océan à jamais enfouis!

    Combien de patrons morts avec leurs équipages!
    L'ouragan de leur vie a pris toutes les pages
    Et d'un souffle il a tout dispersé sur les flots!
10 Nul ne saura leur fin dans l'abîme plongée;
    Chaque vague en passant d'un butin s'est chargée;
    L'une a saisi l'esquif, l'autre les matelots!

    Nul ne sait votre sort, pauvres têtes perdues!
    Vous roulez à travers les sombres* étendues,
15 Heurtant de vos fronts morts des écueils inconnus.
    Oh! que de vieux parents, qui n'avaient plus qu'un rêve,
    Sont morts en attendant tous les jours sur la grève
          Ceux qui ne sont pas revenus!

    On s'entretient de vous parfois dans les veillées.
20 Maint joyeux cercle, assis sur des ancres rouillées,

Mêle encor quelque temps vos noms d'ombre* couverts
Aux rires*, aux refrains, aux récits d'aventures,
Aux baisers qu'on dérobe à vos belles futures,
Tandis que vous dormez dans les goémons verts!

25 On demande : — Où sont-ils? sont-ils rois dans quelque île?
Nous ont-ils délaissés pour un bord plus fertile? —
Puis votre souvenir même est enseveli.
Le corps se perd dans l'eau, le nom dans la mémoire.
Le temps, qui sur toute ombre en verse une plus noire*,
30 Sur le sombre* océan jette le sombre oubli.

Bientôt des yeux de tous votre ombre* est disparue.
L'un n'a-t-il pas sa barque et l'autre sa charrue?
Seules, durant ces nuits où l'orage est vainqueur,
Vos veuves aux fronts blancs, lasses de vous attendre,
35 Parlent encor de vous en remuant la cendre
De leur foyer et de leur cœur!

─────── **QUESTIONS** ───────

■ Sur l'ensemble du poème « Oceano nox ». — La composition du poème. La valeur de la première et de la dernière strophe : montrez qu'elles sont plus par leur rythme que par leur sens destinées à encadrer le poème d'une mélodie funèbre.

— Le développement des strophes 2-7 (vers 7-42) : cherchez les effets de répétition dans le rythme et dans l'expression; dites les impressions qu'ils produisent. A partir du vers 27, comment se fait l'enchaînement et quel est le thème qui emporte tout dans son mouvement?

— Réalisme et pathétique dans ce poème : relevez toutes les expressions qui créent visuellement des images souvent rapides, mais toujours précises de la dure destinée des matelots, et attitudes de ceux qui se souviennent d'eux ou qui les oublient plus ou moins vite. La vie du marin d'après « Oceano nox ».

— Les thèmes de la mer, de la mort, de la nuit : montrez qu'ils s'entrelacent ici avec celui de la fuite du temps (oubli ou souvenir). Malgré la différence des sujets, ne retrouve-t-on pas ici une parenté avec certaines pensées de « Tristesse d'Olympio »?

— Étudiez notamment le thème de la mer en faisant une comparaison avec « A quoi je songe? » (page 62), mais aussi en cherchant dans les autres poèmes *antérieurs* les images que la mer avait suscitées chez Hugo avant même qu'il ait vu l'Océan.

Et quand la tombe enfin a fermé leur paupière,
Rien ne sait plus vos noms, pas même une humble pierre
Dans l'étroit cimetière où l'écho* nous répond,
40 Pas même un saule vert[1] qui s'effeuille à l'automne,
Pas même la chanson naïve et monotone
Que chante un mendiant à l'angle d'un vieux pont !

Où sont-ils, les marins sombrés dans les nuits noires ?
O flots, que vous savez de lugubres histoires !
45 Flots profonds redoutés des mères à genoux !
Vous vous les racontez en montant les marées,
Et c'est ce qui vous fait ces voix désespérées
Que vous avez le soir quand vous venez vers nous !

Juillet 1836.

LES CHÂTIMENTS
1853

De l'énorme recueil des *Châtiments*, long de 6 200 vers et divisé
en sept livres, nous ne pouvons ici donner que quelques pièces
célèbres. Une fois de plus, en dépit de divisions que lui-même
gardera (dans *les Quatre Vents de l'esprit*), il est difficile de séparer
ce qui est lyrique, épique ou satirique, tant l'auteur a su élever
chacun de ces genres, les rejoignant ainsi par le sommet ; cet entre-
lacement, évidemment, est plus sensible dans un livre axé sur la
vie politique. L'unité de la poésie se forge dans la personnalité
même de son créateur *(Ego Hugo)*, dont la voix vengeresse tient
tête même aux empereurs.

LIVRE II — 3

SOUVENIR DE LA NUIT DU 4

Ce poème s'inspire d'un fait dont Hugo fut témoin, lors des
fusillades de la nuit du 4 décembre 1851, après le coup d'État de
Napoléon III. Extrait du livre II : *L'ordre est rétabli*.

1. Le saule est l'arbre funéraire de l'époque romantique : un saule ombrage
la tombe de Napoléon à Sainte-Hélène (voir page 54, vers 205) ; Musset, dans
« Lucie », demande aussi qu'un saule soit planté sur sa tombe, et son vœu sera
exaucé.

L'enfant avait reçu deux balles dans la tête.
Le logis était propre, humble, paisible, honnête ;
On voyait un rameau bénit sur un portrait.
Une vieille grand-mère était là qui pleurait.
5 Nous le déshabillions en silence. Sa bouche,
Pâle, s'ouvrait ; la mort noyait son œil farouche ;
Ses bras pendants semblaient demander des appuis.
Il avait dans sa poche une toupie en buis.
On pouvait mettre un doigt dans les trous de ses plaies.
10 Avez-vous vu saigner la mûre dans les haies ?
Son crâne était ouvert comme un bois qui se fend.
L'aïeule regarda déshabiller l'enfant,
Disant : — Comme il est blanc ! approchez donc la lampe.
Dieu ! ses pauvres cheveux sont collés sur sa tempe ! —
15 Et quand ce fut fini, le prit sur ses genoux.
La nuit était lugubre ; on entendait des coups
De fusil dans la rue où l'on en tuait d'autres.
— Il faut ensevelir l'enfant, dirent les nôtres.
Et l'on prit un drap blanc dans l'armoire en noyer.
20 L'aïeule cependant l'approchait du foyer.
Comme pour réchauffer ses membres déjà roides.
Hélas ! ce que la mort touche de ses mains froides
Ne se réchauffe plus aux foyers d'ici-bas !
Elle pencha la tête et lui tira ses bas,
25 Et dans ses vieilles mains prit les pieds du cadavre.
— Est-ce que ce n'est pas une chose qui navre !
Cria-t-elle ; monsieur, il n'avait que huit ans !
Ses maîtres, il allait en classe, étaient contents.
Monsieur, quand il fallait que je fisse une lettre,
30 C'est lui qui l'écrivait. Est-ce qu'on va se mettre
A tuer les enfants maintenant ? Ah ! mon Dieu !
On est donc des brigands ? Je vous demande un peu,
Il jouait ce matin, là, devant la fenêtre !
Dire qu'ils m'ont tué ce pauvre petit être !
35 Il passait dans la rue, ils ont tiré dessus.
Monsieur, il était bon et doux comme un Jésus.
Moi je suis vieille, il est tout simple que je parte ;

● QUESTIONS

● Vers 1-25. Le style du récit : sa sécheresse voulue, sa précision. D'où naît l'émotion ? — Caractérisez les comparaisons des vers 10-11 ; pourquoi sont-elles presque les seules du poème ?

Marine-Terrace,
à Jersey.

Dessin de
Victor Hugo.

Phot. Bulloz.

Cela n'aurait rien fait à monsieur Bonaparte
De me tuer au lieu de tuer mon enfant !
40 Elle s'interrompit, les sanglots l'étouffant,
Puis elle dit, et tous pleuraient près de l'aïeule :
— Que vais-je devenir à présent toute seule ?
Expliquez-moi cela, vous autres, aujourd'hui.
Hélas ! je n'avais plus de sa mère que lui.
45 Pourquoi l'a-t-on tué ? je veux qu'on me l'explique.
L'enfant n'a pas crié « vive la République ». —

Nous nous taisions, debout et graves, chapeau bas,
Tremblant devant ce deuil qu'on ne console pas.

Vous ne compreniez point, mère, la politique.
50 Monsieur Napoléon — c'est son nom authentique —
Est pauvre, et même prince ; il aime les palais ;
Il lui convient d'avoir des chevaux, des valets,
De l'argent pour son jeu, sa table, son alcôve,
Ses chasses ; par la même occasion, il sauve
55 La famille, l'église et la société ;
Il veut avoir Saint-Cloud plein de roses l'été,
Où viendront l'adorer les préfets et les maires ;
C'est pour cela qu'il faut que les vieilles grand-mères,
De leurs pauvres doigts gris que fait trembler le temps,
60 Cousent dans le linceul des enfants de sept ans.

2 décembre 1852, Jersey.

─────── **QUESTIONS** ───────

● Vers 26-46. La plainte de l'aïeule : la simplicité du langage et des sentiments populaires est-elle faussée par les artifices de la poésie ? Montrez que les deux thèmes qui soutiennent les paroles de la vieille femme sont : amour et justice.

● Vers 47-60. Quels détails du récit précédent ont préparé l'intervention du poète ? Le ton du pamphlet s'harmonise-t-il avec celui de la narration ? Par quel effet de contraste ?

■ Sur l'ensemble du poème « Souvenir de la nuit du 4 ». — L'union des tons épique, lyrique et satirique dans ce poème ; à quel niveau trouvent-ils ici leur accord ?

— Victor Hugo poète du peuple : quelles images de la vie des pauvres gens transparaissent à travers ce récit ? Comparez de ce point de vue ce poème à « Oceano nox », mais aussi à l'inspiration générale des *Misérables*.

— Victor Hugo, poète de la pitié : à quoi tient le pathétique de ce poème ?

LIVRE V — 13

L'EXPIATION

Le livre V : *L'autorité est sacrée* s'ouvre sur une *chanson* du sacre de Napoléon le Petit, à chanter sur l'air de Malbrough; cette sinistre parodie de l'autre sacre, c'est le début de l'expiation pour Napoléon le Premier, coupable d'avoir fait son coup d'État du 18-Brumaire. Le livre se termine sur le même thème : ni la retraite de Russie, ni Waterloo, ni Sainte-Hélène ne constituent le véritable châtiment. La triple question de l'Empereur : « Est-ce le Châtiment, dit-il, Dieu des Armées? », fait naître les visions épiques, car cette manière d'envisager l'Histoire de très haut, du point de vue divin, s'appelle *épopée* dans la création hugolienne.

De préférence au célèbre « Waterloo », trop plein de rhétorique classique, nous donnons ici le premier morceau : « la Retraite de Russie ». L'abondance des détails historiques (que le poète tenait de son oncle Louis, du comte de Ségur, de Chateaubriand, etc.) concourt à donner à ce récit brutal et sans excès d'éloquence sa place parmi les chefs-d'œuvre du poète.

I

Il neigeait. On était vaincu par sa conquête.
Pour la première fois l'aigle baissait la tête.
Sombres* jours! l'Empereur revenait lentement,
Laissant derrière lui brûler Moscou fumant.
5 Il neigeait. L'âpre hiver fondait en avalanche.
Après la plaine blanche une autre plaine blanche.
On ne connaissait plus les chefs ni le drapeau.
Hier la grande armée, et maintenant troupeau.
On ne distinguait plus les ailes ni le centre.
10 Il neigeait. Les blessés s'abritaient dans le ventre
Des chevaux morts; au seuil des bivouacs désolés
On voyait des clairons à leur poste gelés,
Restés debout, en selle et muets, blancs de givre,
Collant leur bouche en pierre aux trompettes de cuivre.
15 Boulets, mitraille, obus, mêlés aux flocons blancs,
Pleuvaient; les grenadiers, surpris d'être tremblants,
Marchaient pensifs, la glace à leur moustache grise.
Il neigeait, il neigeait toujours! La froide bise
Sifflait; sur le verglas, dans des lieux inconnus,
20 On n'avait pas de pain et l'on allait pieds nus.
Ce n'étaient plus des cœurs vivants, des gens de guerre,

C'était un rêve* errant dans la brume, un mystère,
Une procession d'ombres* sous le ciel noir.
La solitude vaste, épouvantable à voir,
25 Partout apparaissait, muette vengeresse.
Le ciel faisait sans bruit avec la neige épaisse
Pour cette immense armée un immense linceul.
Et, chacun se sentant mourir, on était seul.
— Sortira-t-on jamais de ce funeste empire?
30 Deux ennemis! le czar, le nord. Le nord est pire.
On jetait les canons pour brûler les affûts.
Qui se couchait, mourait. Groupe morne et confus,
Ils fuyaient; le désert dévorait le cortège.
On pouvait, à des plis qui soulevaient la neige,
35 Voir que des régiments s'étaient endormis là.
O chutes d'Annibal![1] lendemains d'Attila[2]!
Fuyards, blessés, mourants, caissons, brancards, civières,
On s'écrasait aux ponts pour passer les rivières[3],
On s'endormait dix mille, on se réveillait cent.
40 Ney, que suivait naguère une armée, à présent
S'évadait, disputant sa montre à trois cosaques.
Toutes les nuits, qui vive! alerte! assauts! attaques!
Ces fantômes prenaient leur fusil, et sur eux
Ils voyaient se ruer, effrayants, ténébreux,
45 Avec des cris pareils aux voix des vautours chauves,
D'horribles escadrons, tourbillons d'hommes fauves,
Toute une armée ainsi dans la nuit se perdait.

---

1. Le chef carthaginois *Annibal* ne subit qu'une grande défaite, lorsqu'il fut battu par Scipion à Zama (202 av. J.-C.); cette bataille consacra la défaite de Carthage (deuxième guerre punique); 2. *Attila* eut, lui, une destinée militaire plus proche de celle de Napoléon : ayant poussé trop loin sa conquête, il dut se retirer. Mais, en fait, son Waterloo (les champs Catalauniques) ne l'empêcha pas de poursuivre ses conquêtes vers l'Italie, dont il ne se retira qu'après avoir fait payer tribut à l'empereur Valentinien; 3. Par exemple à la Berezina (25-29 novembre 1812).

━━━━━ QUESTIONS ━━━━━

● VERS 1-47. Est-ce un récit ou un tableau? Comment la répétition de *Il neigeait* crée-t-elle une impression dominante qui semble conditionner le rythme du temps, le contour des choses, l'état physique et moral de cette armée en retraite. Dégagez tous les thèmes secondaires qui semblent résulter de cette permanence de la neige qui tombe; étudiez notamment comment progresse le thème de la solitude.

— Relevez les détails historiques et anecdotiques qui garantissent l'authenticité du récit parce qu'ils n'ont pu être inventés. Comment sont-ils transposés par la poésie au point de devenir des images fantastiques?

L'empereur était là, debout, qui regardait.
Il était comme un arbre en proie à la cognée.
50 Sur ce géant, grandeur jusqu'alors épargnée,
Le malheur, bûcheron sinistre, était monté;
Et lui, chêne vivant, par la hache insulté,
Tressaillant sous le spectre aux lugubres revanches,
Il regardait tomber autour de lui ses branches.
55 Chefs, soldats, tous mouraient. Chacun avait son tour.
Tandis qu'environnant sa tente avec amour,
Voyant son ombre aller et venir sur la toile,
Ceux qui restaient, croyant toujours à son étoile,
Accusaient le destin de lèse-majesté,
60 Lui se sentit soudain dans l'âme épouvanté.
Stupéfait du désastre et ne sachant que croire,
L'empereur se tourna vers Dieu; l'homme de gloire
Trembla; Napoléon comprit qu'il expiait
Quelque chose peut-être, et, livide, inquiet,
65 Devant ses légions sur la neige semées :
— Est-ce le châtiment, dit-il, Dieu des armées?[1] —
Alors il s'entendit appeler par son nom
Et quelqu'un qui parlait dans l'ombre lui dit : Non!

II-VII

[Après Waterloo, après Sainte-Hélène, l'Empereur retrouve enfin sous le dôme des Invalides le repos dans le sol de sa patrie; mais c'est, par une cruelle ironie du destin, pour subir la véritable expiation : assister à la grotesque mascarade du second Empire.]

Jersey, 30 novembre 1852.

_____

1. Expression biblique (Yahvé Sabaoth), désignant le dieu des Forces célestes.

——— **QUESTIONS** ———

● VERS 48-68. L'image de Napoléon; montrez que le thème de la solitude enveloppe progressivement l'*homme de gloire*. La progression dramatique de cette partie du poème.

■ SUR L'ENSEMBLE DU FRAGMENT DE « L'EXPIATION ». — L'inspiration épique : comment un épisode de l'histoire moderne devient-il ici légende et même mythe?
— Rapprochez ce passage du fragment de « Napoléon II » donné page 57 : peut-on comparer la composition de ces deux tableaux? Caractérisez ces deux images de l'épopée napoléonienne séparées par vingt ans de distance.

LIVRE VI — 15

STELLA

Stella, ce n'est pas n'importe quelle étoile, c'est l'étoile du Matin, *Lucifer*, le Porte-Lumière, ou Vénus, ou l'étoile du Berger; elle s'identifie avec *Stella matutina*, c'est-à-dire selon les litanies de la Vierge, la mère de Jésus, qui est lui-même surnommé la Vraie Lumière par le précurseur, Jean-Baptiste. « *Stella*, disait Rimbaud, donne la mesure de la *vue* de Hugo. »

Je m'étais endormi la nuit près de la grève.
Un vent frais m'éveilla, je sortis de mon rêve*,
J'ouvris les yeux, je vis l'étoile du matin.
Elle resplendissait au fond du ciel lointain
5 Dans une blancheur molle, infinie et charmante.
Aquilon[1] s'enfuyait emportant la tourmente.
L'astre éclatant changeait la nuée en duvet.
C'était une clarté qui pensait, qui vivait;
Elle apaisait l'écueil où la vague déferle;
10 On croyait voir une âme* à travers une perle.
Il faisait nuit encor, l'ombre* régnait en vain.
Le ciel s'illuminait d'un sourire divin.
La lueur argentait le haut du mât qui penche;
Le navire était noir, mais la voile était blanche;
15 Des goélands, debout sur un escarpement[2],
Attentifs, contemplaient l'étoile gravement
Comme un oiseau céleste et fait d'une étincelle.
L'océan*, qui ressemble au peuple, allait vers elle,
Et, rugissant tout bas, la regardait briller,
20 Et semblait avoir peur de la faire envoler.
Un ineffable amour emplissait l'étendue.
L'herbe verte à mes pieds frissonnait éperdue,
Les oiseaux se parlaient dans les nids; une fleur
Qui s'éveillait me dit : C'est l'étoile ma sœur[3].
25 Et pendant qu'à longs plis l'ombre* levait son voile,
J'entendis une voix qui venait de l'étoile

---

1. *Aquilon* : nom mythologique du vent du nord, personnification très classique;
2. *Escarpement*. Hugo emploie souvent ce terme au sens figuré (« Le doute, notre escarpement ») pour désigner les obstacles que nous devons surmonter pour arriver à la certitude, à la liberté; 3. Comparaison qui a peut-être pour origine le nom de la *stellaire*, fleur des champs très commune.

Et qui disait : — Je suis l'astre qui vient d'abord[1].
Je suis celle qu'on croit dans la tombe et qui sort.
J'ai lui* sur le Sina[2], j'ai lui* sur le Taygète[3],
30 Je suis le caillou d'or et de feu que Dieu jette,
Comme avec une fronde, au front noir de la nuit[4].
Je suis ce qui renaît quand un monde est détruit.
O nations! je suis la poésie ardente.
J'ai brillé sur Moïse et j'ai brillé sur Dante[5].
35 Le lion océan* est amoureux de moi.
J'arrive. Levez-vous, vertu, courage, foi!
Penseurs, esprits*, montez sur la tour, sentinelles[6]!
Paupières, ouvrez-vous; allumez-vous, prunelles;
Terre, émeus le sillon, vie, éveille le bruit,
40 Debout, vous qui dormez! — car celui qui me suit,
Car celui qui m'envoie en avant la première,
C'est l'ange Liberté, c'est le géant Lumière!

Jersey, juillet 1853.

---

1. Une sorte de précurseur : l'étoile du Berger annonce l'aurore comme Jean-Baptiste a annoncé le Messie; 2. *Sina* ou *Sinaï* : montagne d'Égypte où Dieu se révéla à Moïse dans les éclairs; 3. Le *Taygète*, qui domine Sparte, est le Sinaï des païens, car Sparte est célèbre par les lois de Lycurgue, comme le peuple hébreu par la Loi révélée à Moïse sur le Sinaï; 4. Allusion au caillou que le petit David lança avec sa fronde pour tuer le géant Goliath, selon le premier livre de Samuel, dans la Bible; 5. Dante, le poète florentin du XIIIe siècle, est admiré de Victor Hugo en tant que proscrit, et surtout en tant que créateur d'une poésie vengeresse qui sait en même temps se hausser à une vision puissante de l'histoire du monde; 6. Thème du « veilleur qui attend l'aurore », fréquent dans la Bible; voir aussi le début de l'*Agamemnon* d'Eschyle, et *la Maison du berger* de Vigny.

——— QUESTIONS ———

■ Sur l'ensemble du poème « Stella ». — La composition du poème : montrez qu'il s'agit d'un mouvement continu lié au déroulement du temps. Quels sont les vers qui marquent les étapes de ce lever du jour? A quel moment aboutit le poème?

— La métamorphose du paysage réel; qu'est-ce qui peut expliquer qu'on passe si vite à une vision? Marquez les étapes de cette animation progressive des éléments de la nature. Le poète est-il seulement spectateur? Comment se traduit sa participation de plus en plus complète à la vie de la nature?

— Les symboles : comment chaque objet et chaque être prennent-ils une valeur symbolique dans cette victoire lente mais inévitable de la lumière sur la nuit? Quelles sont les valeurs spirituelles et morales attachées à la lumière et à la nature vivante? La valeur du vers final.

— Comment ce poème se rattache-t-il à l'inspiration générale des *Châtiments* et plus généralement à la philosophie de Victor Hugo?

— La technique et l'art de ce poème : étudiez les procédés qui lui donnent puissance et densité.

LIVRE VII — 17

ULTIMA VERBA

En décembre 1852, Napoléon III signa en faveur des proscrits quelque sept cents autorisations de rentrer; mais il leur fallait faire acte de soumission. Victor Hugo refusa, et il écrivit ce poème, qui est presque la conclusion des *Châtiments* (*Ultima Verba*, dernières paroles). En 1859, il refusa de même l'amnistie générale.

La conscience humaine est morte; dans l'orgie,
Sur elle il s'accroupit; ce cadavre lui plaît.
Par moment, gai, vainqueur, la prunelle rougie,
Il se retourne et donne à la morte un soufflet.

5 La prostitution du juge est la ressource[1].
Les prêtres font frémir l'honnête homme éperdu;
Dans le champ du potier ils déterrent la bourse[2];
Sibour[3] revend le Dieu que Judas a vendu.

Ils disent : — César règne, et le Dieu des armées[4]
10 L'a fait son élu. Peuple, obéis! tu le dois! —
Pendant qu'ils vont chantant, tenant leurs mains fermées,
On voit le sequin d'or[5] qui passe entre leurs doigts.

Oh! tant qu'on le verra trôner, ce gueux, ce prince,
Par le pape béni[6], monarque malandrin,

---

1. Thème souvent exploité dans *les Châtiments* : les magistrats se laissent acheter par le pouvoir; 2. Allusion à un épisode de l'évangile de saint Matthieu (XXVII, 3-10) : Judas trahit Jésus pour trente deniers; pris de remords il jeta l'argent dans le Temple; cette somme fut employée à l'achat du « champ du potier », destiné à la sépulture des étrangers. Le poète suppose que l'argent a été enterré dans le champ; 3. *Sibour* (1792-1857) : archevêque de Paris depuis 1848, il avait été un catholique libéral, collaborateur de *l'Avenir*. Son ralliement à l'Empire, et l'approbation donnée par le haut clergé au nouveau régime, semblaient à Hugo comme une trahison des prêtres à l'égard de l'esprit même du christianisme; 4. *Dieu des armées* : voir page 89, note 1; 5. *Sequin d'or* : pièce d'or qui avait cours autrefois en Italie. Pour Hugo, les prêtres sont achetés par le régime; 6. La bénédiction pontificale témoignait de la reconnaissance conservée par le Saint-Siège pour le prince-président, qui avait fait intervenir en 1848 les troupes françaises à Rome contre la tentative républicaine de Mazzini.

QUESTIONS

● VERS 1-12. La satire : quel thème choisit ici le poète pour montrer l'Empire sous le pire des aspects; pourquoi le juge et plus encore les prêtres sont-ils ici visés plus que d'autres? — Les détails qui donnent force concrète à cette satire.

15 Dans une main le sceptre et dans l'autre la pince[1],
   Charlemagne taillé par Satan dans Mandrin[2];

   Tant qu'il se vautrera, broyant dans ses mâchoires
   Le serment[3], la vertu, l'honneur religieux;
   Ivre, affreux, vomissant sa honte sur nos gloires;
20 Tant qu'on verra cela sous le soleil des cieux;

   Quand même grandirait l'abjection publique
   A ce point d'adorer l'exécrable trompeur;
   Quand même l'Angleterre et même l'Amérique[4]
   Diraient à l'exilé : « — Va-t'en! nous avons peur! »

25 Quand même nous serions comme la feuille morte,
   Quand, pour plaire à César, on nous renierait tous;
   Quand le proscrit devrait s'enfuir de porte en porte,
   Aux hommes déchiré comme un haillon aux clous;

   Quand le désert, où Dieu contre l'homme proteste,
30 Bannirait les bannis, chasserait les chassés,
   Quand même, infâme aussi, lâche comme le reste,
   Le tombeau jetterait dehors les trépassés,

   Je ne fléchirai pas! Sans plainte dans la bouche,
   Calme, le deuil au cœur, dédaignant le troupeau[5],
35 Je vous embrasserai dans mon exil farouche,
   Patrie, ô mon autel! Liberté, mon drapeau!

   Mes nobles compagnons, je garde votre culte;
   Bannis, la République est là qui nous unit.
   J'attacherai la gloire à tout ce qu'on insulte;
40 Je jetterai l'opprobre à tout ce qu'on bénit!

---

1. La *pince* du cambrioleur; 2. *Mandrin* (1724-1755) : contrebandier et bandit célèbre; 3. Le *serment* à la Constitution républicaine de 1848; 4. L'*Angleterre* et l'*Amérique* sont les symboles des pays où règne encore l'esprit de liberté; 5. Dès cette époque, Victor Hugo reproche au peuple de n'avoir pas mieux résisté au coup d'État et à certains proscrits de renoncer à leur opposition pour rentrer en France (voir les vers 59-60).

──────── ● QUESTIONS ────────

● VERS 13-36. Étudiez le mouvement oratoire de ces strophes : quels sentiments se succèdent dans les deux « montées » des vers 13-32? Comment les images des vers 1-12 se trouvent-elles accentuées par les vers 13-20? Les images qui traduisent la condition de l'exilé.

Je serai, sous le sac de cendre qui me couvre[1],
La voix qui dit : malheur[2]! la bouche qui dit : non!
Tandis que tes valets te montreront ton Louvre,
Moi, je te montrerai, César, ton cabanon[3].

45 Devant les trahisons et les têtes courbées,
Je croiserai les bras, indigné, mais serein.
Sombre* fidélité pour les choses tombées,
Sois ma force et ma joie et mon pilier d'airain!

Oui, tant qu'il sera là, qu'on cède ou qu'on persiste,
50 O France! France aimée et qu'on pleure toujours,
Je ne reverrai pas ta terre douce et triste,
Tombeau de mes aïeux et nid de mes amours!

Je ne reverrai pas ta rive qui nous tente,
France! Hors le devoir, hélas! j'oublierai tout.
55 Parmi les réprouvés je planterai ma tente :
Je resterai proscrit, voulant rester debout.

J'accepte l'âpre exil, n'eût-il ni fin ni terme,
Sans chercher à savoir et sans considérer
Si quelqu'un a plié qu'on aurait cru plus ferme,
60 Et si plusieurs s'en vont qui devraient demeurer.

Si l'on n'est plus que mille, eh bien, j'en suis! Si même
Ils ne sont plus que cent, je brave encore Sylla[4];
S'il en demeure dix, je serai le dixième;
Et s'il n'en reste qu'un, je serai celui-là[5]!

Jersey, 14 décembre 1852.

---

1. Symbole de deuil dans la Bible (Livre d'Esther, IV, 1); 2. Autre résonance
biblique qui rappelle l'attitude du prophète Jérémie : « Malheur à toi, Jérusalem! »;
3. *Cabanon* : cellule où l'on enferme les fous; 4. *Sylla* ou *Sulla* : dictateur romain
(128-78 av. J.-C.), célèbre par ses proscriptions; 5. Voir page 141, note 6.

──────── ● QUESTIONS ────────

● VERS 37-64. Le double thème développé ici n'était-il pas annoncé
par la strophe 33-36? Pourquoi cette insistance à reprocher à d'autres
leur faiblesse ou leur lâcheté? A quelle attitude Hugo exilé se trouve-t-il
désormais lié?

■ SUR L'ENSEMBLE D' « ULTIMA VERBA ». — Le mouvement ascendant
de ce poème : comment la figure du poète se détache-t-elle peu à peu,
dominant seule un univers d'ignominie ou de résignation? Comment
répondent et s'harmonisent les inspirations : mépris pour les criminels
et les lâches, et exaltation de la patrie et de la liberté?

Ney, que suivait naguère une armée, à présent
S'évadait...

(« L'Expiation », vers 40-41.)

Le Maréchal Ney à la retraite de Russie.
Tableau d'Adolphe Yvon. Musée de Versailles.

LES CONTEMPLATIONS
1856

Ce recueil, beaucoup plus considérable que tous les recueils antérieurs, est pour le poète l'occasion de publier des pièces lyriques écrites depuis *les Rayons et les Ombres*, en 1840, mais aussi de remonter plus haut dans son passé pour donner une vision d'ensemble de son existence depuis 1830, telle qu'il l'envisage avec le recul du temps; un événement y a tenu plus de place que toutes les péripéties de sa vie littéraire et politique : la mort de sa fille Léopoldine (1843). La Préface des *Contemplations* éclaire la structure et l'intention de l'œuvre, que le poète présente comme *les Mémoires d'une âme*. « Une destinée est écrite là jour à jour. » Mais cette destinée n'a rien de singulier : chaque lecteur peut y retrouver le reflet de sa propre vie. Il ne faut donc pas reprocher au poète de ne parler que de lui-même. « Hélas! quand je vous parle de moi, je vous parle de vous. Comment ne le sentez-vous pas? Ah! insensé, qui crois que je ne suis pas toi! »

LIVRE PREMIER : AURORE

7

RÉPONSE A UN ACTE D'ACCUSATION

Composée en 1854, cette pièce est antidatée (1834), selon un procédé courant dans *les Contemplations*. L'auteur feint ainsi de l'avoir écrite en pleine bataille romantique. En réalité, il vient de lire, à Jersey, l'*Histoire de la littérature dramatique*, du critique Jules Janin, où il a retrouvé mention des « actes d'accusation » dont il avait été victime aux lendemains de *Cromwell* et d'*Hernani* : des pamphlets de deux académiciens, A. Jay et A. Duval, en 1830 et 1833.

Comme, depuis lors, Hugo a abandonné le théâtre, sa défense porte essentiellement sur la langue (vocabulaire, syntaxe) et le style poétiques.

D'autre part, devenu républicain (ce qu'il n'était guère en 1834), il accepte et même revendique l'accusation d'être un démocrate de la langue, et montre le lien qui unit l'émancipation littéraire du romantisme avec la révolution politique et sociale.

Donc, c'est moi qui suis l'ogre et le bouc émissaire.
Dans ce chaos du siècle où votre cœur se serre,
J'ai foulé le bon goût et l'ancien vers françois
Sous mes pieds, et, hideux*, j'ai dit à l'ombre* : « Sois! »
5 Et l'ombre* fut. — Voilà votre réquisitoire.
Langue, tragédie, art, dogmes, conservatoire,
Toute cette clarté s'est éteinte, et je suis
Le responsable, et j'ai vidé l'urne[1]* des nuits.
De la chute de tout je suis la pioche inepte;
10 C'est votre point de vue. Eh bien, soit, je l'accepte;
C'est moi que votre prose en colère a choisi;
Vous me criez : Raca[2]; moi, je vous dis : Merci!
Cette marche du temps, qui ne sort d'une église[3]
Que pour entrer dans l'autre, et qui se civilise;
15 Ces grandes questions d'art et de liberté,
Voyons-les, j'y consens, par le moindre côté,
Et par le petit bout de la lorgnette. En somme,
J'en conviens, oui, je suis cet abominable homme[4];
Et, quoique, en vérité, je pense avoir commis
20 D'autres crimes encor que vous avez omis,
Avoir un peu touché les questions obscures,
Avoir sondé les maux, avoir cherché les cures[5],
De la vieille ânerie insulté les vieux bâts,
Secoué le passé du haut jusques en bas,
25 Et saccagé le fond tout autant que la forme,

---

1. *L'urne des nuits* : périphrase dans le goût classique, désignant le vase céleste d'où tomberait la rosée. Hugo l'emploie par parodie, comme *françois* au vers 3, et *jusques en bas* au vers 24; 2. *Raca* : en hébreu « Fou », injure condamnée par l'Évangile (saint Matthieu, v, 22). Toujours selon l'Évangile, Hugo remercie l'insulteur : il se donne le beau rôle; 3. Hugo semble faire allusion ici à l'évolution du christianisme, qui, selon le poète, quitte peu à peu l'Église, où les prêtres l'avaient trahi, pour devenir une civilisation, et même une révolution; 4. *Abominable homme* : rappel d'une formule de Molière (*Tartuffe*, vers 1529); 5. *Cure* : remède (sens classique).

QUESTIONS

● VERS 1-29. L'habileté du début : comment le poète s'y prend-il pour mettre rapidement le lecteur au courant de la question? Pourquoi a-t-on l'impression de retrouver le ton de certaines scènes du théâtre de Victor Hugo? — Quel est l'objet du débat (vers 15)? Quelle extension le poète pourrait-il donner à la polémique (vers 19-25)? Est-il adroit d'accepter la discussion sur le terrain proposé par ses adversaires? — Cherchez les images (notamment vers 5, 8, 9) qui illustrent le débat. Étudiez le rythme de la phrase : comment Hugo applique-t-il cette liberté dont il se réclame? L'humour dans cette partie du poème.

Je me borne à ceci : je suis ce monstre énorme,
Je suis le démagogue horrible et débordé[1],
Et le dévastateur du vieil A B C D ;
Causons.

Quand je sortis du collège, du thème,
30 Des vers latins, farouche, espèce d'enfant blême
Et grave, au front penchant, aux membres appauvris ;
Quand, tâchant de comprendre et de juger, j'ouvris
Les yeux sur la nature et sur l'art, l'idiome,
Peuple et noblesse, était l'image du royaume ;
35 La poésie était la monarchie ; un mot
Était un duc et pair, ou n'était qu'un grimaud[2] ;
Les syllabes, pas plus que Paris et que Londre[3],
Ne se mêlaient ; ainsi marchent sans se confondre
Piétons et cavaliers traversant le pont Neuf ;
40 La langue était l'État avant quatre-vingt-neuf ;
Les mots, bien ou mal nés, vivaient parqués en castes ;
Les uns, nobles, hantant les Phèdres, les Jocastes,
Les Méropes[4], ayant le décorum pour loi,
Et montant à Versaille aux carrosses du roi ;
45 Les autres, tas de gueux, drôles patibulaires,
Habitant les patois ; quelques-uns aux galères
Dans l'argot[5] ; dévoués à tous les genres bas,
Déchirés en haillons dans les halles ; sans bas,
Sans perruque ; créés pour la prose et la farce ;
50 Populace du style au fond de l'ombre* éparse ;
Vilains, rustres, croquants, que Vaugelas[6] leur chef
Dans le bagne Lexique avait marqués d'une F[7] ;
N'exprimant que la vie abjecte et familière,
Vils, dégradés, flétris, bourgeois, bons pour Molière.
55 Racine regardait ces marauds de travers ;
Si Corneille en trouvait un blotti dans son vers,
Il le gardait, trop grand pour dire : Qu'il s'en aille ;

---

1. Qui a débordé ; 2. *Duc et pair*, sommet de la noblesse, s'oppose à *grimaud*, écolier débutant, mais aussi petit professeur crasseux et mal à l'aise dans le monde ; 3. *Londre* : licence orthographique nécessite par la rime ; même liberté pour *Versaille* (vers 44) ; 4. *Phèdre* fait penser à la tragédie de Racine ; *Jocaste*, à celles de Corneille et de Voltaire consacrées à la légende d'Œdipe ; *Mérope* à la tragédie de Voltaire ; 5. L'*argot* fut employé notamment par Hugo dans le *Dernier Jour d'un condamné* (1829), puis dans *les Misérables* ; 6. Vaugelas (1595-1650) : grammairien du « bon usage », dont les *Remarques sur la langue française* (1637) eurent grand succès ; 7. Le *F* signifie « familier ». Mais c'est aussi la lettre dont on marquait les forçats.

Et Voltaire criait : Corneille s'encanaille[1] !
Le bonhomme Corneille, humble, se tenait coi.
60 Alors, brigand, je vins ; je m'écriai : Pourquoi
Ceux-ci toujours devant, ceux-là toujours derrière ?
Et sur l'Académie, aïeule et douairière,
Cachant sous ses jupons les tropes[2] effarés,
Et sur les bataillons d'alexandrins carrés,
65 Je fis souffler un vent révolutionnaire.
Je mis un bonnet rouge au vieux dictionnaire.
Plus de mot sénateur ! plus de mot roturier !
Je fis une tempête au fond de l'encrier,
Et je mêlai, parmi les ombres* débordées,
70 Au peuple noir* des mots l'essaim blanc des idées ;
Et je dis : Pas de mot où l'idée au vol pur
Ne puisse se poser, tout humide d'azur !
Discours affreux ! — Syllepse, hypallage, litote,
Frémirent ; je montai sur la borne Aristote,
75 Et déclarai les mots égaux, libres, majeurs.

[L'auteur se déchaîne ensuite dans l'évocation humoristique de cette révolution verbale :

88 Sur le sommet du Pinde on dansait Ça ira ;
Les neuf Muses, seins nus, chantaient la Carmagnole. [...]
J'ai pris et démoli la bastille des rimes.

Mais aussi il annonce l'importante idée qu'il développera par la suite :

153 Et je n'ignorais pas que la main courroucée
Qui délivre le mot, délivre la pensée.]

_____

1. Allusion au commentaire sévère que Voltaire fit des tragédies de Corneille et de leur style ; **2.** *Tropes :* en grammaire classique, « figures de style ». La *syllepse,* l'*hypallage* et la *litote* (vers 73) symbolisent toute la rhétorique classique, dont *Aristote* (vers 74) est un des théoriciens.

——————— **QUESTIONS** ———————

● VERS 29-75. Le procédé de développement de l'image (vers 34-59) ; cette verve est-elle habituelle à Hugo, du moins dans sa poésie lyrique ? — L'image utilisée pour définir la distinction faite par les classiques entre langue noble et langue vulgaire est-elle juste ? Est-elle habile ? Quelle révolution devient « nécessaire » ? — Trouvons-nous ici un écho de ce qui est dit au sujet de Racine, Corneille, Molière dans la *Préface de Cromwell* ? — L'image des vers 69-72 est-elle en accord avec les précédentes ? En quoi rappelle-t-elle celles du début du poème ?

J'ai dit à la narine : Eh mais! Tu n'es qu'un nez!
J'ai dit au long fruit d'or : Mais tu n'es qu'une poire!
J'ai dit à Vaugelas : Tu n'es qu'une mâchoire[1]!
175 J'ai dit aux mots : Soyez république! soyez
La fourmilière immense, et travaillez! Croyez,
Aimez, vivez! — J'ai mis tout en branle, et, morose,
J'ai jeté le vers noble aux chiens noirs de la prose.

Et, ce que je faisais, d'autres l'ont fait aussi;
180 Mieux que moi[2]. Calliope, Euterpe au ton transi,
Polymnie[3] ont perdu leur gravité postiche.
Nous faisons basculer la balance hémistiche.
C'est vrai, maudissez-nous. Le vers, qui sur son front
Jadis portait toujours douze plumes en rond[4],
185 Et sans cesse sautait sur la double raquette
Qu'on nomme prosodie et qu'on nomme étiquette,
Rompt désormais la règle et trompe le ciseau[5],
Et s'échappe, volant qui se change en oiseau,
De la cage césure, et fuit vers la ravine,
190 Et vole dans les cieux, alouette divine.

Tous les mots à présent planent dans la clarté.
Les écrivains ont mis la langue en liberté.
Et, grâce à ces bandits, grâce à ces terroristes,
Le vrai, chassant l'essaim des pédagogues tristes,
195 L'imagination, tapageuse aux cent voix,
Qui casse des carreaux dans l'esprit des bourgeois;
La poésie, au front triple, qui rit*, soupire
Et chante, raille et croit, que Plaute et que Shakspeare
Semaient, l'un sur la plebs[6], et l'autre sur le mob[7],

---

1. *Mâchoire* : esprit lourd, sans finesse; 2. Hugo insiste sur le fait qu'il n'est pas seul. Tout le romantisme accomplit cette révolution; 3. *Calliope* : muse de la poésie héroïque; *Euterpe* : muse de l'art musical; *Polymnie* : muse de la poésie lyrique; 4. Début de la comparaison avec le *volant* (vers 188), balle de liège, garnie d'un cercle de plumes et que les joueurs se lancent avec une *raquette* (vers 185); 5. *Le ciseau* : outil à pratiquer les « césures »; 6. *La plebs* : la plèbe, le bas-peuple de Rome, que les comédies de Plaute égayaient; 7. *Le mob* : le peuple des faubourgs (mot anglais), qui était le public de Shakespeare.

━━━━━━ **QUESTIONS** ━━━━━━

● Vers 172-178. Hugo s'est-il dégagé autant qu'il le dit de la périphrase classique?

● Vers 179-190. La succession des images est-elle aussi incohérente qu'elle paraît d'abord? Montrez que reparaissent des thèmes déjà ébauchés. Analysez la longue métaphore des vers 183-190.

200 Qui verse aux nations la sagesse de Job[1]
    Et la raison d'Horace à travers sa démence[2];
    Qu'enivre de l'azur la frénésie immense,
    Et qui, folle sacrée aux regards éclatants,
    Monte à l'éternité par les degrés du temps,
205 La muse reparaît, nous reprend, nous ramène,
    Se remet à pleurer sur la misère humaine,
    Frappe et console, va du zénith au nadir,
    Et fait sur tous les fronts reluire* et resplendir
    Son vol, tourbillon, lyre, ouragan d'étincelles,
210 Et ses millions d'yeux sur ses millions d'ailes.

    Le mouvement complète ainsi son action.
    Grâce à toi, progrès saint, la Révolution
    Vibre aujourd'hui dans l'air, dans la voix, dans le livre;
    Dans le mot palpitant le lecteur la sent vivre;
215 Elle crie, elle chante, elle enseigne, elle rit.
    Sa langue est déliée ainsi que son esprit*.
    Elle[3] est dans le roman, parlant tout bas aux femmes,
    Elle ouvre maintenant deux yeux où sont deux flammes,
    L'un sur le citoyen, l'autre sur le penseur.
220 Elle prend par la main la Liberté, sa sœur,
    Et la fait dans tout homme entrer par tous les pores.
    Les préjugés, formés, comme les madrépores[4],
    Du sombre* entassement des abus sous les temps,
    Se dissolvent au choc de tous les mots flottants,
225 Pleins de sa volonté, de son but, de son âme*.
    Elle est la prose, elle est le vers, elle est le drame;
    Elle est l'expression, elle est le sentiment,
    Lanterne dans la rue, étoile au firmament.
    Elle entre aux profondeurs du langage insondable;

---

1. Job devient le symbole de l'inspiration biblique par opposition à Horace
(vers 201), qui représente la poésie profane; 2. *Sa démence* : celle de la poésie,
non celle d'Horace; 3. *Elle* : la révolution. De même aux vers 226 et suivants;
4. *Madrépores* : récifs formés par les coraux.

━━━━━━ **QUESTIONS** ━━━━━━

● Vers 191-210. Le changement de ton, de rythme, de vocabulaire. —
Quelles idées et quelles images (vers 191-192 et 209-210) assurent cependant la continuité avec ce qui précède? — La définition de la vraie
poésie : en quoi s'oppose-t-elle par tous ses aspects à la définition
classique?

230 Elle souffle dans l'art, porte-voix formidable;
    Et, c'est Dieu qui le veut, après avoir rempli
    De ses fiertés le peuple, effacé le vieux pli
    Des fronts, et relevé la foule dégradée,
    Et s'être faite droit, elle se fait idée!

Paris, janvier 1834.

[Ms. : 24 octobre 1854.]

8

SUITE

La *Suite* au poème précédent porte la date réelle de composition (1854), comme si Victor Hugo voulait, vingt ans après, confirmer et amplifier le poème consacré à la puissance du mot. En voici la fin :

Quand, aux jours où la terre entr'ouvrait sa corolle,
80 Le premier homme dit la première parole,

─────────── **QUESTIONS** ───────────

● Vers 211-234. La nouvelle étape franchie par le poète dans sa démonstration; quel mot (vers 212) s'est substitué au mot *poésie?* Comment s'élargit encore l'horizon de la création poétique? Que devient la classification traditionnelle en genres? Montrez que, néanmoins, l'idée directrice du poème reste cohérente et que tout le problème reste lié à l'expression, au langage.

■ Sur l'ensemble de la « Réponse a un acte d'accusation ». — La poésie romantique prend souvent comme sujets des questions de doctrine littéraire. Comment Hugo renouvelle-t-il ici complètement un des aspects de la satire et de l'épître, telles que les avait conçues Boileau?

— La composition du poème : enchaînement d'idées ou succession d'images?

— Le style et le rythme sont-ils les mêmes d'un bout à l'autre du poème? Dans quelle mesure peut-on considérer les différents développements comme un échantillonnage des différents moyens que Victor Hugo a employés pour libérer le vocabulaire et la poésie elle-même?

— Est-ce ici le bilan du romantisme (voir vers 179) ou celui de l'œuvre de Victor Hugo seul? Quel rôle le poète s'attribue-t-il dans son siècle? Aurait-il pu faire ce bilan en 1834, date théorique du poème? Montrez notamment que la grande image symbolique (lumière-liberté) qui traverse le poème se rattache à l'inspiration du poète en exil.

— La démocratisation de la littérature par la valeur nouvelle donnée au langage.

Le mot né de sa lèvre, et que tout entendit,
Rencontra dans les cieux la lumière, et lui dit :
« Ma sœur !

    « Envole-toi ! plane ! sois éternelle !
Allume l'astre ! emplis à jamais la prunelle !
85 Échauffe éthers, azurs, sphères, globes ardents ;
Éclaire le dehors, j'éclaire le dedans.
Tu vas être une vie, et je vais être l'autre.
Sois la langue de feu, ma sœur, je suis l'apôtre.
Surgis, efface l'ombre, éblouis l'horizon,
90 Sois l'aube ; je te vaux, car je suis la raison.
A toi les yeux, à moi les fronts. O ma sœur blonde,
Sous le réseau Clarté tu vas saisir le monde ;
Avec tes rayons d'or tu vas lier entre eux
Les terres, les soleils, les fleurs, les flots vitreux,
95 Les champs, les cieux ; et moi je vais lier les bouches,
Et sur l'homme, emporté par mille essors farouches,
Tisser, avec des fils d'harmonie et de jour,
Pour prendre tous les cœurs, l'immense toile Amour.
J'existais avant l'âme. Adam n'est pas mon père.
100 J'étais même avant toi ; tu n'aurais pu, lumière,
Sortir sans moi du gouffre où tout rampe enchaîné ;
Mon nom est FIAT LUX, et je suis ton aîné ![1] »

Oui, tout-puissant ! tel est le mot. Fou qui s'en joue !
Quand l'erreur fait un nœud dans l'homme, il le dénoue.
105 Il est foudre dans l'ombre et ver dans le fruit mûr.
Il sort d'une trompette, il tremble sur un mur,
Et Balthazar chancelle et Jéricho s'écroule.
Il s'incorpore au peuple, étant lui-même foule.
Il est vie, esprit, germe, ouragan, vertu, feu ;
110 Car le mot, c'est le Verbe, et le Verbe, c'est Dieu.

       Jersey, octobre 1854.
       [Ms. : 3 novembre 1854.]

---

1. Dans la Genèse, Dieu charge le premier homme de « donner un nom à chaque chose créée » : c'est une manière d'en prendre possession. Ici, le mot, dit par Adam à la Lumière, se met lui-même à parler ! C'est alors la Parole divine, antérieure à l'homme, qui, par la bouche du premier homme, parle à la Lumière. C'est cette Parole qui, selon la Bible, a tout créé et d'abord la Lumière, par le mot : « Que la lumière soit ! » *(Fiat Lux!)*.

LIVRE II : L'ÂME EN FLEUR

4

CHANSON

Le livre II, « l'Ame en fleur », indique un palier dans cette vie reconstituée du poète que sont *les Contemplations :* avant d'en venir aux rudes tâches (« les Luttes et les rêves »), il connaît le rêve amoureux. « Chanson » est une de ces « guitares », où Victor Hugo excelle. Ce genre de chansons, dont on ne sait trop à qui elles s'adressent, et qui sont encore plus détachées du moment, de l'anecdote, par la forme régulière à refrain, Victor Hugo le cultivera toute sa vie *(les Chansons des rues et des bois)*, et c'est une part non négligeable de sa poésie. Celle-ci a été écrite pour Juliette Drouet.

> Si vous n'avez rien à me dire,
> Pourquoi venir auprès de moi?
> Pourquoi me faire ce sourire
> Qui tournerait la tête au roi?
> Si vous n'avez rien à me dire,
> Pourquoi venir auprès de moi?

5

> Si vous n'avez rien à m'apprendre,
> Pourquoi me pressez-vous la main?
> Sur le rêve angélique et tendre,
> Auquel vous songez en chemin,
> Si vous n'avez rien à m'apprendre,
> Pourquoi me pressez-vous la main?

10

> Si vous voulez que je m'en aille,
> Pourquoi passez-vous par ici?
> Lorsque je vous vois, je tressaille,
> C'est ma joie et c'est mon souci.
> Si vous voulez que je m'en aille,
> Pourquoi passez-vous par ici?

15

Mai 18...
[Ms. : 12 juillet 1846.]

15

PAROLES DANS L'OMBRE

Le poète, à Paris, allait souvent passer l'après-midi chez Juliette Drouet, et, tout plein de lui-même et de sa fonction de poète, il lisait ou travaillait des heures entières sans qu'elle reçût de lui un regard. Il la fait parler.

Elle disait : C'est vrai, j'ai tort de vouloir mieux;
Les heures sont ainsi très doucement passées;
Vous êtes là; mes yeux ne quittent pas vos yeux,
Où je regarde aller et venir vos pensées.

5 Vous voir est un bonheur; je ne l'ai pas complet.
Sans doute c'est encor bien charmant de la sorte!
Je veille, car je sais tout ce qui vous déplaît,
A ce que nul fâcheux ne vienne ouvrir la porte;

Je me fais bien petite en mon coin près de vous;
10 Vous êtes mon lion¹, je suis votre colombe;
J'entends de vos papiers le bruit paisible et doux;
Je ramasse parfois votre plume qui tombe;

Sans doute je vous ai, sans doute je vous voi.
La pensée est un vin dont les rêveurs sont ivres,
15 Je le sais; mais pourtant je veux qu'on songe à moi.
Quand vous êtes ainsi tout un soir dans vos livres,

Sans relever la tête et sans me dire un mot,
Une ombre* reste au fond de mon cœur qui vous aime;
Et, pour que je vous voie entièrement, il faut
20 Me regarder un peu de temps en temps vous-même.

Paris, octobre 18...
[Ms. : 3 novembre 1846.]

---

1. On connaît le fameux vers d'*Hernani* :
« Vous êtes mon lion superbe et généreux » (vers 1028).

■ **QUESTIONS**

■ Sur l'ensemble du poème « Paroles dans l'ombre ». — Étudiez le ton de cette confidence : comment le poète arrive-t-il à la simplicité et à la discrétion sans tomber dans le prosaïsme?
— La poésie de la présence et du regard : les mots qui l'expriment.
— Quels détails donnent sa réalité concrète à cette scène?
— Dans quelle mesure retrouve-t-on ici le reflet des propres sentiments de Victor Hugo?
— La virtuosité du poète : par comparaison avec d'autres poèmes, mettez en valeur la variété de l'inspiration et de la forme chez Hugo.

25

JE RESPIRE OÙ TU PALPITES...

Ce poème use d'un vocabulaire très simple, de phrases élémentaires, d'un rythme soupirant, qui l'apparente à la poésie romantique allemande, celle des lieder de Schubert. Hugo n'est pas toujours juché sur les hauteurs du Verbe, il sait parler simplement des choses vraies qui sont essentielles à notre vie : l'amour, l'enfance, la mort même.

Je respire où tu palpites,
Tu sais; à quoi bon, hélas,
Rester là si tu me quittes,
Et vivre si tu t'en vas?

5   A quoi bon vivre, étant l'ombre*
De cet ange qui s'enfuit?
A quoi bon, sous le ciel sombre*,
N'être plus que de la nuit?

Je suis la fleur des murailles
10   Dont avril est le seul bien.
Il suffit que tu t'en ailles
Pour qu'il ne reste plus rien.

Tu m'entoures d'auréoles;
Te voir est mon seul souci.
15   Il suffit que tu t'envoles
Pour que je m'envole aussi.

Si tu pars, mon front se penche;
Mon âme* au ciel, son berceau,
Fuira, car dans ta main blanche
20   Tu tiens ce sauvage oiseau.

Que veux-tu que je devienne
Si je n'entends plus ton pas?
Est-ce ta vie ou la mienne
Qui s'en va? Je ne sais pas.

25   Quand mon courage succombe,
J'en reprends dans ton cœur; pur

Je suis comme la colombe
Qui vient boire au lac d'azur.

L'amour fait comprendre à l'âme*
30   L'univers sombre* et béni,
Et cette petite flamme
Seule éclaire l'infini.

Sans toi, toute la nature
N'est plus qu'un cachot fermé,
35   Où je vais à l'aventure,
Pâle et n'étant plus aimé.

Sans toi, tout s'effeuille et tombe;
L'ombre* emplit mon noir* sourcil;
Une fête est une tombe,
40   La patrie est un exil.

Je t'implore et te réclame;
Ne fuis pas loin de mes maux,
O fauvette de mon âme
Qui chantes dans mes rameaux!

45   De quoi puis-je avoir envie,
De quoi puis-je avoir effroi,
Que ferai-je de la vie,
Si tu n'es plus près de moi?

Tu portes dans la lumière,
50   Tu portes dans les buissons,
Sur une aile ma prière,
Et sur l'autre mes chansons.

Que dirai-je aux champs que voile
L'inconsolable douleur?
55   Que ferai-je de l'étoile?
Que ferai-je de la fleur?

Que dirai-je au bois morose
Qu'illuminait ta douceur?
Que répondrai-je à la rose
60   Disant : Où donc est ma sœur?

J'en mourrai; fuis, si tu l'oses.
A quoi bon, jours révolus!
Regarder toutes ces choses
Qu'elle ne regarde plus?

65 Que ferai-je de la lyre,
De la vertu, du destin?
Hélas! et, sans ton sourire,
Que ferai-je du matin?

Que ferai-je, seul, farouche,
70 Sans toi, du jour et des cieux,
De mes baisers sans ta bouche,
Et de mes pleurs sans tes yeux!

Août 18...
[Ms. : 1er décembre 1854 ou 1855.]

LIVRE III : LES LUTTES ET LES RÊVES

21

A MADEMOISELLE LOUISE B.

ÉCRIT SUR LA PLINTHE
D'UN BAS-RELIEF ANTIQUE

La musique est dans tout. Un hymne sort du monde.
Rumeur de la galère aux flancs lavés par l'onde,
Bruits des villes, pitié de la sœur pour la sœur,
Passion des amants jeunes et beaux, douceur
5 Des vieux époux usés ensemble par la vie,

——— QUESTIONS ———

■ Sur l'ensemble du poème « Je respire où tu palpites ». — Les
vers 11-12 pourraient être considérés comme le thème du poème :
montrez que l'ensemble est formé d'une suite de variations sur ce
thème.
— Les images : comment s'apparentent-elles dans leur diversité?
— La présence de la nature : de quelle façon est-elle associée au
sentiment de l'amour? N'est-ce pas un peu à la manière dont elle lui
était associée dans « Tristesse d'Olympio »?
— Pourrait-on considérer ce poème comme une réponse à « Paroles
dans l'ombre », page 105? Malgré la différence du ton et du cadre,
qu'y a-t-il de commun entre les deux poèmes?

Fanfare de la plaine émaillée et ravie,
Mots échangés le soir sur les seuils fraternels,
Sombre* tressaillement des chênes éternels,
Vous êtes l'harmonie et la musique même !
10 Vous êtes les soupirs qui font le chant suprême !
Pour notre âme*, les jours, la vie et les saisons,
Les songes de nos cœurs, les plis des horizons,
L'aube et ses pleurs, le soir et ses grands incendies,
Flottent dans un réseau de vagues mélodies.
15 Une voix dans les champs nous parle, une autre voix
Dit à l'homme autre chose et chante dans les bois.
Par moment, un troupeau bêle, une cloche tinte.
Quand par l'ombre, la nuit, la colline est atteinte,
De toutes parts on voit danser et resplendir,
20 Dans le ciel étoilé du zénith au nadir,
Dans la voix des oiseaux, dans le cri des cigales,
Le groupe éblouissant des notes inégales.
Toujours avec notre âme* un doux bruit s'accoupla ;
La nature nous dit : Chante ! Et c'est pour cela
25 Qu'un statuaire ancien sculpta sur cette pierre
Un pâtre sur sa flûte abaissant sa paupière.

Juin 1833.
[Ms. : 8 juin 1839.]

30

MAGNITUDO PARVI

Ce poème de vingt-cinq pages, commencé en 1836 et achevé en 1855 à Jersey (peu après la mort de son frère Abel), couronne le troisième livre et en même temps la première partie des *Contemplations* : « Autrefois 1830-1843 ». Malgré la date tardive de sa

─────── QUESTIONS ───────

■ SUR L'ENSEMBLE DU POÈME « ÉCRIT SUR LA PLINTHE D'UN BAS-RELIEF ANTIQUE ». — La composition de ce poème : étudiez ici le procédé de l'accumulation. Par quels procédés Hugo sait-il éviter la monotonie et marque-t-il des « paliers » dans la suite des énumérations?
— Cet *hymne* (vers 1) est-il seulement constitué d'harmonies auditives? Par quelles correspondances profondes s'associent les voix de la nature, les spectacles de l'univers, les soupirs de l'âme?
— A quoi voit-on que ce poème est de l'époque des *Voix intérieures*, et que le poète n'en est pas encore aux visions cosmiques du temps de l'exil?

composition (et l'ampleur de cette colossale méditation ne laisse pas de doute sur la maturité de son auteur), Victor Hugo a voulu la placer, datée de 1839, avant cette deuxième partie, marquée par le grand événement de la mort de sa fille. Pourquoi? Sans doute, d'abord, parce que cette fille est vivante dans ce poème, mais aussi parce que le message de ce texte est à la fois l'espérance hardie d'une certitude dans l'unité du ciel et de la terre, et l'ouverture effrayante sur le mystère énorme du monde. Ainsi, suivant un procédé qu'il a déjà utilisé dans ses quatre premiers grands recueils lyriques, le poète donne à la fois l'aboutissement des méditations éparses dans la partie du recueil qu'il termine, et un aperçu sur l'attitude principale qu'il prendra dans la partie suivante. Celle-ci s'ouvrira par le livre de « Pauca meae », où le poète, marqué par l'événement, retombe dans la tristesse avant de reprendre sa quête du mystère, qui aboutira bien à la certitude qu'il annonçait, mais à une certitude qu'il aura puisée au fond de la souffrance.

I

Le jour mourait; j'étais près des mers, sur la grève.
Je tenais par la main ma fille, enfant qui rêve,
      Jeune esprit* qui se tait!
La terre, s'inclinant comme un vaisseau qui sombre,
5 En tournant dans l'espace allait plongeant dans l'ombre;
      La pâle nuit montait.

La pâle nuit levait son front dans les nuées;
Les choses s'effaçaient, blêmes, diminuées,
      Sans forme et sans couleur;
10 Quand il monte de l'ombre, il tombe de la cendre;
On sentait à la fois la tristesse descendre
      Et monter la douleur.

Ceux dont les yeux pensifs contemplent la nature
Voyaient l'urne[1]* d'en haut, vague rondeur obscure,
15   Se pencher dans les cieux
Et verser sur les monts, sur les campagnes blondes,
Et sur les flots confus pleins de rumeurs profondes,
      Le soir silencieux.

---

1. Image classique qui suppose dans le ciel un vase qui déverse la nuit, la pluie, la rosée, etc., sur la terre.

Les nuages rampaient le long des promontoires;
20 Mon âme*, où se mêlaient ces ombres* et ces gloires,
       Sentait confusément
De tout cet océan, de toute cette terre,
Sortir sous l'œil de Dieu je ne sais quoi d'austère,
       D'auguste et de charmant.

25 J'avais à mes côtés ma fille bien-aimée.
La nuit se répandait ainsi qu'une fumée.
       Rêveur, ô Jéhovah,
Je regardais en moi, les paupières baissées,
Cette ombre* qui se fait aussi dans nos pensées,
30   Quand ton soleil s'en va.

Soudain l'enfant bénie, ange au regard de femme,
Dont je tenais la main et qui tenait mon âme,
       Me parla, douce voix!
Et, me montrant l'eau sombre et la rive âpre et brune,
35 Et deux points lumineux qui tremblaient sur la dune :
       — Père, dit-elle, vois,

Vois donc, là-bas, où l'ombre aux flancs des coteaux rampe,
Ces feux jumeaux briller comme une double lampe
       Qui remuerait au vent!
40 Quels sont ces deux foyers qu'au loin la brume voile?
   — L'un est un feu de pâtre et l'autre est une étoile;
       Deux mondes, mon enfant!

II

    Deux mondes! — L'un est dans l'espace,
    Dans les ténèbres de l'azur,
45   Dans l'étendue où tout s'efface,

──────── **QUESTIONS** ────────

● Vers 1-42. La description du crépuscule du soir : comparez-la à la description de l'aube dans « Stella » (page 90); retrouvez-y les éléments qui créent une symétrie entre ces deux moments poétiques. Le rythme est-il toutefois le même? — La présence de l'enfant : les termes qu'emploie le poète pour parler d'elle ne révèlent-ils pas que cette partie du poème a été écrite ou récrite après la mort de Léopoldine? Est-ce moins émouvant pour cela? — Le rôle de l'enfant dans ce prologue.

Radieux gouffre*! abîme* obscur!
Enfant, comme deux hirondelles,
Oh! si tous deux, âmes* fidèles,
Nous pouvions fuir à tire-d'ailes,
50 Et plonger dans cette épaisseur
D'où la création découle,
Où flotte, vit, meurt, brille et roule
L'astre imperceptible à la foule,
Incommensurable au penseur[1];

55 Si nous pouvions franchir ces solitudes mornes;
Si nous pouvions passer les bleus septentrions;
Si nous pouvions atteindre au fond des cieux sans bornes
Jusqu'à ce qu'à la fin, éperdus, nous voyions,
Comme un navire en mer croît, monte et semble éclore,
60 Cette petite étoile, atome de phosphore,
Devenir par degrés un monstre de rayons;

S'il nous était donné de faire
Ce voyage démesuré,
Et de voler, de sphère en sphère,
65 A ce grand soleil ignoré;
Si par un archange qui l'aime,
L'homme aveugle, frémissant, blême,
Dans les profondeurs du problème,
Vivant, pouvait être introduit;
70 Si nous pouvions fuir notre centre[2],
Et, forçant l'ombre* où Dieu seul entre,
Aller voir de près dans leur antre
Ces énormités de la nuit;

Ce qui t'apparaîtrait te ferait trembler, ange!
75 Rien, pas de vision, pas de songe insensé,
Qui ne fût dépassé par ce spectacle étrange*,
Monde informe, et d'un tel mystère composé,
Que son rayon fondrait nos chairs, cire vivante,

---

1. Par parallélisme avec le vers précédent, interprétez : démesuré pour le penseur; 2. Échapper à la force centripète qui nous retient sur la Terre. Mais aussi : nous arracher à notre goût pour la Terre, qui nous empêche d'être des voyants, ou encore, d'après le vers 94 : fuir notre système planétaire dont le Soleil est le centre.

VICTOR HUGO EN 1843.
Portrait autographe offert à Juliette Drouet.

Et qu'il ne resterait de nous dans l'épouvante
80 Qu'un regard ébloui sous un front hérissé[1]!

* * *

O contemplation splendide!
Oh! de pôles, d'axes, de feux,
De la matière et du fluide
Balancement prodigieux!
85 D'aimant qui lutte, d'air qui vibre,
De force esclave et d'éther libre,
Vaste et magnifique équilibre!
Monde rêve! idéal réel!
Lueurs! tonnerres! jets de soufre!
90 Mystère qui chante et qui souffre!
Formule nouvelle du gouffre*!
Mot nouveau du noir* livre ciel!

Tu verrais! — Un soleil; autour de lui des mondes,
Centres eux-même[2], ayant des lunes autour d'eux;
95 Là, des fourmillements de sphères vagabondes;
Là, des globes jumeaux qui tournent deux à deux;
Au milieu, cette étoile, effrayante, agrandie,
D'un coin de l'infini formidable incendie,
Rayonnement sublime ou flamboiement hideux*!

100 Regardons, puisque nous y sommes!
Figure-toi! figure-toi!
Plus rien des choses que tu nommes!

---

1. Métaphore qui exprime l'effroi intellectuel (le front est le siège de la pensée) devant l'infini; 2. *Eux-même* (au lieu d'*eux-mêmes*) : licence orthographique que le poète s'autorise pour faciliter la versification.

--- QUESTIONS ---

● VERS 43-80. Expliquez le sens de l'expression *ténèbres de l'azur* (vers 44); à quelle constatation scientifique correspond-elle? Comment permet-elle d'harmoniser en un même mouvement l'aspiration vers le ciel et le désir de sonder l'inconnu? Cherchez dans des poèmes bien antérieurs l'expression de cette double obsession. — Le vocabulaire : étudiez l'alternance de l'abstrait et du concret et les moyens par lesquels le poète transcrit la notion d'infini. Relevez tous les mots qui expriment l'angoisse « cosmique ». L'alternance des strophes choisies ici par le poète convient-elle à cette initiation astronomique?

Un autre monde! une autre loi!
La terre a fui dans l'étendue;
105   Derrière nous elle est perdue!
Jour nouveau! nuit inattendue!
D'autres groupes d'astres au ciel!
Une nature qu'on ignore,
Qui, s'ils voyaient sa fauve aurore,
110   Ferait accourir Pythagore
Et reculer Ézéchiel[1]!

Ce qu'on prend pour un mont est une hydre; ces arbres
Sont des bêtes; ces rocs hurlent avec fureur;
Le feu chante; le sang coule aux veines des marbres.
115 Ce monde est-il le vrai? le nôtre est-il l'erreur?
O possibles qui sont pour nous les impossibles!
Réverbérations des chimères visibles!
Le baiser de la vie ici nous fait horreur.

Et si nous pouvions voir les hommes,
120   Les ébauches, les embryons,
Qui sont là ce qu'ailleurs nous sommes,
Comme, eux et nous, nous frémirions!
Rencontre inexprimable et sombre*!
Nous nous regarderions dans l'ombre*
125   De monstre à monstre, fils du nombre[2]
Et du temps qui s'évanouit;
Et, si nos langages funèbres
Pouvaient échanger leurs algèbres,
Nous dirions : Qu'êtes-vous, ténèbres?
130   Ils diraient : D'où venez-vous, nuit?

---

1. *Pythagore* (VIᵉ s. av. J.-C.), géomètre-astronome pour qui le monde est un tout harmonieux, régi par des nombres. Le prophète *Ezéchiel* (même époque) est évoqué ici à cause de la vision qui ouvre son livre dans la Bible; pour lui, la vue d'un météore ou d'une étoile serait effrayante, parce qu'elle suggérerait la vision de Dieu; 2. *Fils du nombre :* ayant une structure organisée, harmonieuse, malgré les apparences monstrueuses, provenant seulement de l'ignorance mutuelle où sont les êtres qui habitent les différents univers.

QUESTIONS

● Vers 81-130. Les deux registres de ce passage : quels sentiments les vers 81-92 et 100-111 traduisent-ils? Comment sont-ils destinés à créer l'état d'esprit qui permet d'accéder à l'explication du monde invisible? — Relevez les antithèses destinées à exprimer l'inexprimable. Le thème du monstrueux : comment est-il lié paradoxalement avec les termes qui définissent l'ordre de l'univers et la rigueur géométrique du cosmos? Sous quelle forme se traduit la notion de relativité?

[Suit la description de ces mondes dotés chacun de ses beautés et de ses laideurs, de ses richesses et de ses fléaux.]

*
*

Ils sont! ils vont! ceux-ci brillants, ceux-là difformes,
Tous portant des vivants et des créations!
Ils jettent dans l'azur des cônes d'ombre énormes,
210 Ténèbres qui des cieux traversent les rayons,
Où le regard, ainsi que des flambeaux farouches
L'un après l'autre éteints par d'invisibles bouches,
Voit plonger tour à tour les constellations!

      Quel Zorobabel¹ formidable,
215   Quel Dédale² vertigineux,
      Cieux! a bâti dans l'insondable
      Tout ce noir* chaos lumineux?
      Soleils, astres aux larges queues,
      Gouffres*! ô millions de lieues!
220   Sombres* architectures bleues³!
      Quel bras a fait, créé, produit
      Ces tours d'or que nuls yeux ne comptent,
      Ces firmaments qui se confrontent⁴,
      Ces Babels d'étoiles qui montent
225   Dans ces Babylones⁵ de nuit?

Qui, dans l'ombre* vivante et l'aube sépulcrale,
Qui, dans l'horreur fatale et dans l'amour profond,
A tordu ta splendide et sinistre spirale*,
Ciel, où les univers se font et se défont?
230 Un double précipice à la fois les réclame.
Immensité! dit l'être. Éternité! dit l'âme.
A jamais le sans fin roule dans le sans fond.

_____

1. *Zorobabel* releva le Temple de Jérusalem après la captivité à Babylone; 2. *Dédale* est le constructeur du Labyrinthe, symbole des constructions complexes et mystérieuses; 3. Voir vers 44; 4. *Se confronter* : ici, se trouver placé face à face et s'opposer; 5. *Babel* est le nom biblique de *Babylone* : mais le premier mot est lié à l'image de la tour de Babel, et de sa spirale sans fin (voir vers 228), tandis que *Babylone* évoque l'image d'une ville immense et monstrueuse.

━━━━━ **QUESTIONS** ━━━━━

● Vers 207-232. L'antithèse fondamentale : comment reparaît-elle ici avec insistance? Dans quelles antithèses secondaires se diversifie-t-elle? — Les éléments scientifiques de la vision des vers 207-213. — A quelle question, d'ailleurs attendue, aboutit cette vision du cosmique?

*
**

L'inconnu, celui dont maint sage
Dans la brume obscure a douté,
235 L'immobile et muet visage,
Le voilé de l'éternité,
A, pour montrer son ombre* au crime,
Sa flamme au juste magnanime,
Jeté pêle-mêle à l'abîme
240 Tous ses masques, noirs ou vermeils* ;
Dans les éthers inaccessibles
Ils flottent, cachés ou visibles ;
Et ce sont ces masques terribles
Que nous appelons les soleils !

245 Et les peuples ont vu passer dans les ténèbres
Ces spectres de la nuit que nul ne pénétra ;
Et flamines, santons, brahmanes, mages, guèbres[1],
Ont crié : Jupiter ! Allah ! Vishnou ! Mithra !
Un jour, dans les lieux bas, sur les hauteurs suprêmes,
250 Tous ces masques hagards s'effaceront d'eux-mêmes ;
Alors la face immense et calme apparaîtra !

_____

1. Liste approximative des prêtres et des noms du Dieu suprême chez les Romains *(flamines, Jupiter)*, les Musulmans *(santons, Allah)*, les Indous *(brahmanes, Vishnou)*, et les *Guèbres*, c'est-à-dire les Persans, disciples de Zoroastre *(mages, Mithra)*. Ces prêtres, comme le *prêtre involontaire* du vers 262, ont tous pour mission de tenter une approche de Dieu.

─────── **QUESTIONS** ───────

● VERS 233-251. Le Dieu de Victor Hugo : est-ce le Dieu des philosophes ? est-ce le Dieu des religions révélées ? Montrez que la vision poétique concilie mythes et croyances en une image suprême du Dieu unique.

■ SUR LES DEUX PREMIÈRES PARTIES DU POÈME « MAGNITUDO PARVI ». — L'aspect didactique : quel cadre sert de prétexte à cette image de l'univers ? Dans quelle mesure celle-ci se fonde-t-elle sur les données scientifiques de l'astronomie au temps de Victor Hugo ? Quelles « hypothèses » le poète y ajoute-t-il ? Par comparaison à l' « Infini dans les cieux » de Lamartine *(Harmonies poétiques)*, montrez comment Victor Hugo s'est dégagé des traditions de la poésie didactique néo-classique.
   — L'aspect philosophique : selon quelle progression se développe cette contemplation du ciel ? Pourquoi songe-t-on à certains passages de l'*Émile* de Rousseau ?
   — L'aspect poétique : par comparaison avec « la Pente de la rêverie » (page 31), montrez la permanence de certains thèmes dans l'inspiration hugolienne, et la prodigieuse extension qu'a prise chez lui le besoin de dire l'infini et l'indicible ; étudiez le vocabulaire.

III

Enfant! l'autre de ces deux mondes,
C'est le cœur d'un homme. — Parfois,
Comme une perle au fond des ondes,
255   Dieu cache une âme au fond des bois.

Dieu cache un homme sous les chênes,
Et le sacre en d'austères lieux
Avec le silence des plaines,
L'ombre* des monts, l'azur des cieux.

260   O ma fille! avec son mystère
Le soir envahit pas à pas
L'esprit* d'un prêtre involontaire,
Près de ce feu qui luit là-bas!

Cet homme, dans quelque ruine,
265   Avec la ronce et le lézard,
Vit sous la brume et la bruine,
Fruit tombé de l'arbre hasard.

Il est devenu presque fauve;
Son bâton est son seul appui.
270   En le voyant, l'homme se sauve;
La bête seule vient à lui.

Il est l'être crépusculaire[1].
On a peur de l'apercevoir;
Pâtre tant que le jour l'éclaire,
275   Fantôme dès que vient le soir.

La faneuse dans la clairière
Le voit quand il fait, par moment,
Comme une ombre* hors de sa bière,
Un pas hors de l'isolement.

280   Son vêtement dans ces décombres,
C'est un sac de cendre et de deuil[2],

---

1. Le sens littéral de cet adjectif est explicité ensuite. Mais il faut aussi l'entendre au sens moral : il est l'homme des vérités indécises, de l'avenir qu'on essaie de scruter; 2. Voir page 94, note 1.

Linceul troué par les clous sombres*
De la misère, ce cercueil.

Le pommier lui jette ses pommes;
285   Il vit dans l'ombre* enseveli;
C'est un pauvre homme loin des hommes,
C'est un habitant de l'oubli;

C'est un indigent sous la bure[1],
Un vieux front de la pauvreté,
290   Un haillon dans une masure,
Un esprit* dans l'immensité!

*
* *

Dans la nature transparente,
C'est l'œil des regards ingénus,
Un penseur à l'âme ignorante,
295   Un grave marcheur aux pieds nus.

Oui, c'est un cœur, une prunelle,
C'est un souffrant, c'est un songeur,
Sur qui la lueur éternelle
Fait trembler sa vague rougeur.

300   Il est là, l'âme* aux cieux ravie,
Et, près d'un branchage enflammé,
Pense, lui-même par la vie
Tison à demi consumé.

Il est calme en cette ombre* épaisse;
305   Il aura bien toujours un peu
D'herbe pour que son bétail paisse,
De bois pour attiser son feu.

Nos luttes, nos chocs, nos désastres,
Il les ignore; il ne veut rien
310   Que, la nuit, le regard des astres,
Le jour, le regard de son chien.

---

1. La *bure* est le grossier tissu dont sont faits la pèlerine du berger et le vêtement des moines mendiants. Ce pauvre est donc un pauvre de Dieu, au sens où
l'entendent Jérémie, la tradition chrétienne et les bouddhistes.

> Son troupeau gît sur l'herbe unie;
> Il est là, lui, pasteur, ami,
> Seul éveillé, comme un génie[1]
> 315 A côté d'un peuple endormi.

> Ses brebis, d'un rien remuées,
> Ouvrant l'œil près du feu qui luit,
> Aperçoivent sous les nuées
> Sa forme droite dans la nuit;

> 320 Et bouc qui bêle, agneau qui danse,
> Dorment dans les bois hasardeux
> Sous ce grand spectre Providence
> Qu'ils sentent debout auprès d'eux.

Le poète évoque ensuite les prophètes juifs et les bergers-mages de l'Orient antique, représentés par Abraham et Zoroastre, solitaires incompris, en quête du mystère, « compteurs d'étoiles et compteurs de troupeaux ».

Le christianisme a marqué une nouvelle étape dans cette tentative de l'homme pour prendre conscience de l'infini. Mais aujourd'hui encore, la solitude est nécessaire au recueillement, qui permet à la conscience de descendre au fond d'elle-même pour y découvrir sa participation au monde entier, et au regard de dépasser l'univers des apparences pour s'approcher de l'infini divin.

A cette recherche de la vérité dans le cœur de l'humble, l'auteur oppose nos prétentieuses recherches d'hommes des villes, savants à la vue basse : notre science, nos sagesses... « Chercheurs que le néant captive », nous n'avons pas le vol assez libre. Une étoile qui passe, trop semblable à notre planète, suffit à nous arrêter. Nous ne pouvons avancer assez loin ni dans le monde visible ni dans l'invisible. Le pâtre, lui, seul à chaque saison, épargné par

---

1. Un *génie* protecteur (sens oriental ou latin).

● QUESTIONS ●

● VERS 252-323. Le changement de rythme; quel est l'effet voulu? — Étudiez les détails qui montrent que cet homme est sacré pour Dieu et n'appartient pas entièrement à notre monde. — Analysez dans les vers 292-299 les mots qui définissent cette race particulière de « penseurs » dont Hugo fait lui-même partie. — Ce berger solitaire ne garde-t-il pas quelque chose de la vieille tradition de la poésie pastorale? N'est-il pas aussi un peu l'héritier de l' « homme de la nature » de Rousseau?

le nuage qui tonne, ne craignant ni le froid de l'hiver ni la peur de
la nuit, est à la hauteur des éléments, de la nuit, de la rose ou de
la brebis.

556   Il sent, faisant passer le monde
        Par sa pensée à chaque instant,
        Dans cette obscurité profonde
        Son œil devenir éclatant;

560   Et, dépassant la créature,
        Montant toujours, toujours accru,
        Il regarde tant la nature,
        Que la nature a disparu!

        Car, des effets allant aux causes,
565   L'œil perce et franchit le miroir,
        Enfant; et contempler les choses,
        C'est finir par ne plus les voir.

        La matière tombe détruite
        Devant l'esprit* aux yeux de lynx;
570   Voir, c'est rejeter; la poursuite
        De l'énigme est l'oubli du sphynx[1].

        Il ne voit plus le ver qui rampe,
        La feuille morte émue au vent,
        Le pré, la source où l'oiseau trempe
575   Son petit pied rose en buvant;

        Ni l'araignée, hydre étoilée,
        Au centre du mal se tenant,
        Ni l'abeille, lumière ailée,
        Ni la fleur, parfum rayonnant;

580   Ni l'arbre où sur l'écorce dure
        L'amant grave un chiffre d'un jour,
        Que les ans font croître à mesure
        Qu'ils font décroître son amour.

---

1. L'orthographe du mot (on écrit habituellement *sphinx*) est ici commandée
par la rime. Expression peu claire : on penserait plutôt que, pour arriver au
sphinx (Dieu), il faut oublier, dépasser les énigmes. Mais Hugo veut dire qu'il
faut dépasser les êtres concrets qui nous ont indiqué le mystère, et aller vers
l'énigme essentielle, le sens de tout cela.

Il ne voit plus la vigne mûre,
585   La ville, large toit fumant,
Ni la campagne, ce murmure,
Ni la mer, ce rugissement ;

Ni l'aube dorant les prairies,
Ni le couchant aux longs rayons,
590   Ni tous ces tas de pierreries
Qu'on nomme constellations,

Que l'éther de son ombre couvre,
Et qu'entrevoit notre œil terni
Quand la nuit curieuse entrouvre
595   Le sombre écrin de l'infini ;

Il ne voit plus Saturne pâle,
Mars écarlate, Arcturus bleu,
Sirius, couronne d'opale,
Aldébaran, turban de feu[1] ;

600   Ni les mondes, esquifs sans voiles,
Ni, dans le grand ciel sans milieu,
Toute cette cendre d'étoiles ;
Il voit l'astre unique ; il voit Dieu !

[Reprenant le parallèle déjà dessiné, l'auteur oppose ce voyant, qui accepte le vertige, le « sublime naufrage » qu'est son ascension vers le savoir total, aux hommes, philosophes, savants, qui ne peuvent monter, parce qu'il y a « le doute, notre escarpement ». A la description du savoir, il oppose ici une analyse de l'ignorance. Elle a pour cause ... un excès d'assurance, une présomption lugubre : c'est « l'assurance triste des créatures dans leurs nuits. La terre s'écriant : J'existe ! » alors que le soleil, image de Dieu, réplique : Je suis.]

---

1. *Arcturus*, *Sirius* et *Aldébaran* sont trois étoiles parmi les plus brillantes.

--- **QUESTIONS** ---

● Vers 556-603. Analysez les strophes 556-571 et notamment les vers 564-567 pour en dégager une définition de la *contemplation* selon Hugo ; ressemblances et différences avec la vision de l'infini dans la seconde partie du poème. — Le rôle des vers 572-603 dans cette démonstration destinée à une « enfant » ? Dans quel ordre sont présentés les objets et les êtres ? Quel sens a chaque chose ou chaque catégorie d'êtres dans ce choix ?

680   Il le voit, ce soleil unique,
         Fécondant, travaillant, créant,
         Par le rayon qu'il communique
         Égalant l'atome au géant,

         Semant de feux, de souffles, d'ondes,
685   Les tourbillons d'obscurité,
         Emplissant d'étincelles mondes
         L'épouvantable immensité,

         Remuant dans l'ombre* et les brumes
         De sombres* forces dans les cieux
690   Qui font comme des bruits d'enclumes
         Sous des marteaux mystérieux,

         Doux pour le nid du rouge-gorge,
         Terrible aux satans qu'il détruit;
         Et, comme aux lueurs d'une forge
695   Un mur s'éclaire dans la nuit,

         On distingue en l'ombre* où nous sommes,
         On reconnaît dans ce bas lieu,
         A sa clarté parmi les hommes,
         L'âme* qui réverbère Dieu!

700   Et ce pâtre devient auguste;
         Jusqu'à l'auréole monté,
         Étant le sage, il est le juste.
         O ma fille, cette clarté,

         Sœur du grand flambeau des génies,
705   Faite de tous les rayons purs
         Et de toutes les harmonies
         Qui flottent dans tous les azurs,

         Plus belle dans une chaumière,
         Éclairant hier par demain,

QUESTIONS

● VERS 680-693. La symétrie par rapport à la seconde partie (notamment vers 62-65 et vers 245-251) : la place du soleil, c'est-à-dire de la Lumière dans la cosmogonie hugolienne; cherchez d'autres textes où l'âme est considérée comme une parcelle du Dieu-Lumière.

710 Cette éblouissante lumière,
     Cette blancheur du cœur humain

     S'appelle en ce monde, où l'honnête
     Et le vrai des vents est battu,
     Innocence avant la tempête,
715 Après la tempête, vertu !

                    IV

     Voilà donc ce que fait la solitude à l'homme;
     Elle lui montre Dieu, le dévoile et le nomme;
                    Sacre l'obscurité,
     Pénètre de splendeur le pâtre qui s'y plonge,
720 Et, dans les profondeurs de son immense songe,
                    T'allume, ô vérité !

     Elle emplit l'ignorant de la science énorme;
     Ce que le cèdre voit, ce que devine l'orme,
                    Ce que le chêne sent,
725 Dieu, l'être, l'infini, l'éternité, l'abîme*,
     Dans l'ombre* elle le mêle à la candeur sublime
                    D'un pâtre frémissant.

     L'homme n'est qu'une lampe, elle en fait une étoile.
     Et ce pâtre devient, sous son haillon de toile,
730   Un mage; et, par moments,
     Aux fleurs, parfums du temple, aux arbres, noirs pilastres,
     Apparaît couronné d'une tiare d'astres,
                    Vêtu de flamboiements !

     Il ne se doute pas de cette grandeur sombre* :
735 Assis près de son feu que la broussaille encombre.
                    Devant l'être béant,
     Humble, il pense; et, chétif, sans orgueil, sans envie,
     Il se courbe, et sent mieux, près du gouffre* de vie,
                    Son gouffre* de néant.

———————— QUESTIONS ————————

● VERS 694-715. L'assimilation de la lumière à l'innocence et à la vertu : par quel glissement arrive-t-on à identifier la lumière du monde et celle de la conscience? Comment l'idéalisme chrétien vient-il s'intégrer à la religion de la lumière et à l'image du terrible Jéhovah cosmique?

740 Quand il sort de son rêve, il revoit la nature.
    Il parle à la nuée, errant à l'aventure,
        Dans l'azur émigrant;
    Il dit : Que ton encens est chaste, ô clématite!
    Il dit au doux oiseau : Que ton aile est petite,
745   Mais que ton vol est grand!

    Le soir quand il voit l'homme aller vers les villages,
    Glaneuses, bûcherons qui traînent des feuillages,
        Et les pauvres chevaux
    Que le laboureur bat et fouette avec colère,
750 Sans songer que le vent va le[1] rendre à son frère,
        Le marin sur les flots;

    Quand il voit les forçats passer, portant leur charge,
    Les soldats, les pêcheurs pris par la nuit au large
        Et hâtant leur retour,
755 Il leur envoie à tous, du haut du mont nocturne,
    La bénédiction qu'il a puisée à l'urne*
        De l'insondable amour.

    Et, tandis qu'il est là, vivant sur sa colline,
    Content, se prosternant dans tout ce qui s'incline,
760   Doux rêveur bienfaisant,
    Emplissant le vallon, le champ, le toit de mousse,
    Et l'herbe et le rocher de la majesté douce
        De son cœur innocent,

    S'il passe par hasard, près de sa paix féconde,
765 Un de ces grands esprits* en butte aux flots du monde
        Révolté devant eux,
    Qui craignent à la fois, sur ces vagues funèbres,
    La terre de granit et le ciel de ténèbres,
        L'homme ingrat, Dieu douteux;

770 Peut-être, à son insu, que ce pasteur paisible,
    Et dont l'obscurité rend la lueur visible,
        Homme heureux sans effort,
    Entrevu par cette âme* en proie au choc de l'onde,
    Va lui jeter soudain quelque clarté profonde
775   Qui lui montre le port!

---

1. Pronom à sens général : *cela*. Le vent va rendre la pareille au marin.

Ainsi, ce feu peut-être, aux flancs du rocher sombre,
Là-bas est aperçu par quelque nef qui sombre
      Entre le ciel et l'eau ;
Humble, il la guide au loin de son reflet rougeâtre,
780 Et du même rayon dont il réchauffe un pâtre
      Il sauve un grand vaisseau.

V

Et je repris, montrant à l'enfant adorée
L'obscur feu du pasteur et l'étoile sacrée :

— De ces deux feux perçant le soir qui s'assombrit,
785 L'un révèle un soleil, l'autre annonce un esprit*.
      C'est l'infini que notre œil sonde ;
Mesurons tout à Dieu qui seul crée et conçoit.
C'est l'astre qui le prouve et l'esprit* qui le voit ;
      Une âme* est plus grande qu'un monde.

790 Enfant, ce feu de pâtre à cette âme mêlé,
Et cet astre, splendeur du plafond constellé
      Que l'éclair et la foudre gardent,
Ces deux phares du gouffre* où l'être flotte et fuit,
Ces deux clartés du deuil, ces deux yeux de la nuit,
795   Dans l'immensité se regardent.

Il se connaissent ; l'astre envoie au feu des bois
Toute l'énormité de l'abîme* à la fois,
      Les baisers de l'azur superbe
Et l'éblouissement des visions d'Endor[1] ;

---

1. *Endor* : ville de Palestine où habitait, au temps du roi Saül, une sibylle ou pythonisse. Saül y fut averti de sa mort prochaine grâce à la nécromancie, qui lui permit d'interroger l'ombre de Samuel (premier livre de Samuel, chap. XXVIII).

——— QUESTIONS ———

● Vers 716-781. A quel changement dans le mode de pensée correspond le changement de rythme, pour ce « finale » ? — Le thème de la lumière, fil conducteur du poème : comment redescend-on du plan cosmique au plan psychologique et social ? Le rôle du pâtre (vers 730, 732) : pourquoi ne faut-il pas qu'il soit conscient de son don prophétique (vers 734) et bienfaisant (vers 770) ? En rapprochant ces vers des vers 802-803, voit-on les rapports qui existent entre cet humble penseur solitaire et le reste de l'humanité ? Quel symbole représente ce pâtre ?

800 Et le doux feu de pâtre envoie à l'astre d'or
     Le frémissement du brin d'herbe.

Le feu de pâtre dit : — La mère pleure, hélas !
L'enfant a froid, le père a faim, l'aïeul est las ;
     Tout est noir ; la montée est rude ;
805 Le pas tremble, éclairé par un tremblant flambeau ;
L'homme au berceau chancelle et trébuche au tombeau. —
     L'étoile répond : Certitude !

De chacun d'eux s'envole un rayon fraternel,
L'un plein d'humanité, l'autre rempli de ciel ;
     Dieu les prend et joint leur lumière,
810 Et sa main, sous qui l'âme, aigle de flamme, éclôt,
Fait du rayon d'en bas et du rayon d'en haut
     Les deux ailes de la prière.

Ingouville, août, 1839.
[Ms. commencé en 1836, fini le 1er février 1855.]

———————— QUESTIONS ————————

● Vers 782-813. Cette conclusion ne fait-elle que résumer tout ce qui
précède ? Comment Hugo rapproche-t-il les deux lumières non seulement par leur coexistence (vers 793-794), mais encore par leur ressem-
blance et leur correspondance ? — L'image finale (vers 808-813) qui
vient couronner l'image fondamentale du poème est-elle une habileté
poétique ou correspond-elle à une aspiration profondément religieuse ?
La présence de l'enfant contribue-t-elle à expliquer que la ferveur
envers Dieu s'exprime sous cette forme ?

■ Sur l'ensemble du poème « Magnitudo parvi ». — Y a-t-il une
parenté entre l'idée de ce poème et le célèbre fragment pascalien sur
« les Deux Infinis » ? En quoi la vision du monde développée ici est-elle
liée à son auteur et à son temps ?

— Quelle est l'image fondamentale qui donne naissance au poème,
et y circule d'un bout à l'autre ? La lumière et l'ombre sont-elles ici
deux forces qui se combattent ou qui se complètent ? Quels sont les
thèmes secondaires qui viennent se greffer et se fondre dans l'image
centrale ?

— La composition du poème : malgré le caractère incomplet de ces
extraits, pouvez-vous dire si l'ampleur de ce poème donne l'impression de répétitions et de redites ? Quel genre d'émotion poétique est-il
destiné à créer ? L'utilité, à ce point de vue, de la présence de l'enfant.

LIVRE IV : PAUCA MEAE

12

A QUOI SONGEAIENT
LES DEUX CAVALIERS

Ce poème est daté dans le recueil « octobre 1853 » (dixième anniversaire de la mort de Léopoldine), mais il fut écrit, selon le manuscrit, le 11 octobre 1841. A cette époque, Hugo venait de faire plusieurs voyages, notamment sur le Rhin, et cela lui fait retrouver le goût des ballades allemandes — on pense notamment ici à celle de Bürger, qui a pour refrain : *Die Töten reiten schnell* (Rapides chevauchent les morts).

Si Hugo, en 1841, avait eu déjà des ennuis, si la mort lui avait ravi déjà ses parents, son frère et son fils Léopold, ce poème prenait, après la mort de sa fille très aimée, une résonance nouvelle. Le poète n'eut qu'à modifier le vers 34, d'abord libellé : « C'est ton ange d'amour », expression qui concernait le petit Léopold, mort à quelques mois.

La nuit était fort noire et la forêt très sombre.
Hermann[1] à mes côtés me paraissait une ombre*.
Nos chevaux galopaient. A la garde de Dieu !
Les nuages du ciel ressemblaient à des marbres.
5 Les étoiles volaient dans les branches des arbres
    Comme un essaim d'oiseaux de feu.

Je suis plein de regrets. Brisé par la souffrance,
L'esprit* profond d'Hermann est vide d'espérance.
Je suis plein de regrets. O mes amours, dormez !
10 Or, tout en traversant ces solitudes vertes,
Hermann me dit : Je songe aux tombes entrouvertes.
    Et je lui dis : Je pense aux tombeaux refermés !

---

1. Ce nom a pour équivalent français : Germain. Il représente donc d'abord l'âme germanique, ou le côté germanique du romantisme. Il sera aisé de voir, quand on aura lu le poème, qu'il s'agit d'un des deux « moi » de Victor Hugo (*Germanus* peut signifier « frère » en latin).

— QUESTIONS —

● Vers 1-6. Par quels moyens le poète rend-il l'impression d'une chevauchée « fantastique »? L'origine visuelle et la transposition symbolique de certains éléments du décor (vers 4-6).

Phot. Bulloz.

Et, quand j'arriverai, je mettrai sur ta tombe
Un bouquet de houx vert et de bruyère en fleur.
(« Demain, dès l'aube... », vers 11-12.)
Le cimetière de Villequier. Gravure d'Adeline.

Lui regarde en avant; je regarde en arrière.
Nos chevaux galopaient à travers la clairière;
15 Le vent nous apportait de lointains angélus;
Il dit : Je songe à ceux que l'existence afflige,
A ceux qui sont, à ceux qui vivent. — Moi, lui dis-je,
    Je pense à ceux qui ne sont plus!

Les fontaines chantaient. Que disaient les fontaines?
20 Les chênes murmuraient. Que murmuraient les chênes?
Les buissons chuchotaient comme d'anciens amis.
Hermann me dit : Jamais les vivants ne sommeillent.
En ce moment, des yeux pleurent, d'autres yeux veillent.
Et je lui dis : Hélas! d'autres sont endormis!

25 Hermann reprit alors : Le malheur, c'est la vie.
Les morts ne souffrent plus. Ils sont heureux! J'envie
Leur fosse où l'herbe pousse, où s'effeuillent les bois.
Car la nuit les caresse avec ses douces flammes;
Car le ciel rayonnant calme toutes les âmes*
30   Dans tous les tombeaux à la fois!

——————— QUESTIONS ———————

● VERS 7-24. La composition de ces strophes; distinguez la part des
éléments descriptifs, les lieux et les heures : quelles images de la nature
apparaissent ici? Quels rapports supposent-elles entre l'homme et l'univers? Comment s'harmonisent-elles avec les pensées des cavaliers? — Les
pensées des cavaliers : étudiez la progression qui permet de passer du
monologue du récitant à un dialogue. Les vers 11-12 ne suggèrent-ils
d'abord pas un autre sens que celui qui leur est donné par la suite? — Le
rythme et le ton de ce dialogue : pourquoi songe-t-on à une double litanie?

● VERS 25-36. Les effets de symétrie dans ces deux strophes. — Les
deux conceptions de la vie qui s'opposent ici : celle du poète est-elle
aussi nette que celle d'Hermann? — Les deux conceptions de la mort :
quelle opposition y a-t-il entre le vers 31 et le vers 36? Le poème conclut-il
de façon précise?

■ SUR L'ENSEMBLE DU POÈME « A QUOI SONGEAIENT LES DEUX CAVALIERS ».
— La composition du poème; en quoi y a-t-il la recherche d'une structure harmonieuse?

— Le style : en quoi est-il plus musical qu'éloquent? Cherchez les
effets de rythme, plus nombreux que le jeu des harmonies.

— Le climat poétique : en quoi Hugo transpose-t-il la ballade « germanique »? Quelles grandes images symboliques, familières aux *Contemplations*, apparentent ce poème aux autres poèmes de Victor Hugo?

Et je lui dis : Tais-toi! respect au noir* mystère!
Les morts gisent couchés sous nos pieds dans la terre.
Les morts, ce sont les cœurs qui t'aimaient autrefois!
C'est ton ange expiré! c'est ton père et ta mère!
35 Ne les attristons point par l'ironie[1] amère.
Comme à travers un rêve* ils entendent nos voix.

Octobre 1853.
[Ms. : 11 octobre 1841.]

13

VENI, VIDI, VIXI

Cette pièce, datée de 1848, témoigne non seulement du regret de Léopoldine, mais encore des déboires politiques de l'auteur, depuis son entrée à la Chambre des pairs en 1845.

J'ai bien assez vécu[2], puisque dans mes douleurs
Je marche sans trouver de bras qui me secourent,
Puisque je ris* à peine aux enfants qui m'entourent,
Puisque je ne suis plus réjoui par les fleurs;

5 Puisqu'au printemps, quand Dieu met la nature en fête,
J'assiste, esprit* sans joie, à ce splendide amour;
Puisque je suis à l'heure où l'homme fuit le jour,
Hélas! et sent de tout la tristesse secrète;

Puisque l'espoir serein dans mon âme* est vaincu;
10 Puisqu'en cette saison des parfums et des roses,
O ma fille! j'aspire à l'ombre* où tu reposes,
Puisque mon cœur est mort, j'ai bien assez vécu.

Je n'ai pas refusé ma tâche sur la terre.
Mon sillon? Le voilà. Ma gerbe? La voici[3].

---

1. *Ironie.* Ce mot, précisé par l'adjectif *amère,* n'a pas son sens moderne. Il signifie, selon le grec : « doute, interrogation paradoxale », peut-être même « manque de sincérité »; Victor Hugo a parlé de l'*esprit* d'Hermann, non de son cœur.
2. Le titre du poème, transposant la célèbre phrase de César : *Veni, vidi, vici* (« Je suis venu, j'ai vu, j'ai vaincu »), signifie : « Je suis venu, j'ai vu, j'ai *vécu.* » Quant au « j'ai vaincu », il est remplacé dans notre texte par *je suis vaincu* (vers 9);
3. Dans une lettre adressée aux électeurs peu avant d'écrire ce poème, Hugo précise : « J'ai écrit trente-deux volumes, fait jouer huit pièces, parlé six fois à la Chambre des pairs. » Ses discours pour la Pologne martyre, contre la peine de mort, etc., étaient dictés par son cœur, mais souvent maladroits et raillés par les auditeurs (voir vers 18).

15 J'ai vécu souriant, toujours plus adouci,
   Debout, mais incliné du côté du mystère.

   J'ai fait ce que j'ai pu ; j'ai servi, j'ai veillé,
   Et j'ai vu bien souvent qu'on riait* de ma peine.
   Je me suis étonné d'être un objet de haine,
20 Ayant beaucoup souffert et beaucoup travaillé.

   Dans ce bagne terrestre où ne s'ouvre aucune aile,
   Sans me plaindre, saignant, et tombant sur les mains,
   Morne, épuisé, raillé par les forçats humains,
   J'ai porté mon chaînon de la chaîne éternelle.

25 Maintenant, mon regard ne s'ouvre qu'à demi ;
   Je ne me tourne plus même quand on me nomme ;
   Je suis plein de stupeur et d'ennui¹, comme un homme
   Qui se lève avant l'aube et qui n'a pas dormi.

   Je ne daigne plus même, en ma sombre* paresse,
30 Répondre à l'envieux dont la bouche me nuit.
   O Seigneur ! ouvrez-moi les portes de la nuit,
   Afin que je m'en aille et que je disparaisse !

                                        Avril 1848.
                                   [Ms. : avril 1848.]

   1. *Stupeur* et *ennui* sont pris dans leur sens fort du XVIIᵉ siècle.

───────── **QUESTIONS** ─────────

■ Sur l'ensemble du poème « Veni, vidi, vixi ». — Les trois mouve-
ments de ce poème ; comment les images du présent encadrent-elles
celles du passé ?
   — Les « symptômes » qui prouvent au poète sa propre lassitude :
quelles sont, d'après ces signes, les satisfactions qu'il attend de la vie ?
Est-ce une image de la vie réelle de l'auteur ?
   — Le poème s'inspire du livre biblique de Job :
   Là [dans la mort] petits et grands se confondent
      Et l'esclave recouvre sa liberté (III, 19).
   N'est-ce pas un service que fait l'homme sur la Terre,
      N'y mène-t-il pas la vie d'un mercenaire ? (VII, 1).
   Mes adversaires aiguisent sur moi leurs regards,
      Ouvrent une bouche menaçante (XVI, 9-10).
   Mon souffle est épuisé, mes jours s'éteignent, pour moi la tombe.
      Ne suis-je pas en butte à des railleurs ? (XVII, 1-2).
Job parle des « portes de la mort et du pays de l'ombre » (XXXVIII, 17).
Comment Victor Hugo a-t-il transposé le texte de l'Écriture ?
   — Le ton de ce poème : par quels moyens d'expression le poète
y harmonise-t-il grandeur et simplicité ?

14

DEMAIN, DÈS L'AUBE...

Léopoldine est morte le 4 septembre 1843; elle s'était noyée accidentellement avec son mari au cours d'une promenade en barque sur la Seine, à la hauteur de Villequier, village voisin de Caudebec, en Normandie. C'est pour le premier anniversaire de cette mort que son père écrira l'essentiel de « A Villequier » (voir page 134). Pour servir de prélude à ce long poème, il place ici cette annonce d'un pèlerinage sur sa tombe, en datant ce poème du 3 septembre 1847 (le manuscrit porte : 4 octobre) et « A Villequier », du 4 septembre 1847. Hugo, grand marcheur, fera les 35 km qui séparent le Havre (où habite Auguste Vacquerie, le père de Charles) du cimetière de Villequier, où il arrivera au crépuscule.

Demain, dès l'aube, à l'heure où blanchit la campagne,
Je partirai. Vois-tu, je sais que tu m'attends.
J'irai par la forêt, j'irai par la montagne.
Je ne puis demeurer loin de toi plus longtemps.

5 Je marcherai, les yeux fixés sur mes pensées,
Sans rien voir au-dehors, sans entendre aucun bruit,
Seul, inconnu, le dos courbé, les mains croisées,
Triste, et le jour pour moi sera comme la nuit.

Je ne regarderai ni l'or du soir qui tombe,
10 Ni les voiles au loin descendant vers Harfleur[1],
Et, quand j'arriverai, je mettrai sur ta tombe[2]
Un bouquet de houx vert et de bruyère en fleur.

3 septembre 1847.
[Ms. : 4 octobre 1847.]

_____

1. _Harfleur_ est à 3 km du Havre. Les bateaux descendent le cours de la Seine; **2.** Le cimetière, bâti sur une colline boisée, domine l'estuaire de la Seine.

━━━━━ ■ QUESTIONS ━━━━━

■ SUR L'ENSEMBLE DU POÈME « DEMAIN, DÈS L'AUBE... ». — Le mouvement de ce poème : comment s'inscrit-il dans le temps et dans l'espace? L'utilisation du futur : quelle impression naît de ces images d'un lendemain dont toutes les impressions sont si précises qu'elles semblent exister déjà?

— Le caractère dramatique : comment le but de cette promenade se révèle-t-il progressivement?

— Le rôle de la nature : en quoi est-elle présente malgré les vers 9-10?

— Ce poème constitue un ensemble avec le suivant (« À Villequier ») : quel contraste dans la forme fait-il avec lui? L'art de la brièveté chez Hugo : l'inspiration en perd-elle de la profondeur?

15

A VILLEQUIER

Ce poème fut écrit en 1844, un an après la mort de Léopoldine.
En 1846, V. Hugo y adjoint les vers 41-60 et quelques autres.
Dans l'édition, il date le tout de 1847, voulant par là montrer
qu'il s'est passé bien du temps depuis ce deuil, et qu'il décrit là
sinon son état d'âme définitif, du moins une attitude nouvelle.

Maintenant que Paris, ses pavés et ses marbres,
Et sa brume et ses toits sont bien loin de mes yeux;
Maintenant que je suis sous les branches des arbres,
Et que je puis songer à la beauté des cieux;

5 Maintenant que du deuil qui m'a fait l'âme* obscure
    Je sors, pâle et vainqueur,
Et que je sens la paix de la grande nature
    Qui m'entre dans le cœur;

Maintenant que je puis, assis au bord des ondes,
10 Ému par ce superbe et tranquille horizon,
Examiner en moi les vérités profondes
Et regarder les fleurs qui sont dans le gazon;

Maintenant, ô mon Dieu! que j'ai ce calme sombre*
    De pouvoir désormais
15 Voir de mes yeux la pierre où je sais que dans l'ombre*
    Elle dort pour jamais;

Maintenant qu'attendri par ces divins spectacles,
Plaines, forêts, rochers, vallons, fleuve argenté,
Voyant ma petitesse et voyant vos miracles,
20 Je reprends ma raison devant l'immensité;

Je viens à vous, Seigneur, père auquel il faut croire;
    Je vous porte, apaisé,
Les morceaux de ce cœur tout plein de votre gloire,
    Que vous avez brisé;

25 Je viens à vous, Seigneur! confessant¹ que vous êtes
   Bon, clément, indulgent et doux, ô Dieu vivant!
   Je conviens que vous seul savez ce que vous faites,
   Et que l'homme n'est rien qu'un jonc qui tremble au vent;

   Je dis que le tombeau qui sur les morts se ferme
30   Ouvre le firmament;
   Et que ce qu'ici-bas nous prenons pour le terme
              Est le commencement;

   Je conviens à genoux que vous seul, père auguste,
   Possédez l'infini, le réel, l'absolu;
35 Je conviens qu'il est bon, je conviens qu'il est juste
   Que mon cœur ait saigné, puisque Dieu l'a voulu!

   Je ne résiste plus à tout ce qui m'arrive
              Par votre volonté.
   L'âme* de deuils en deuils, l'homme de rive en rive,
40   Roule à l'éternité.

   Nous ne voyons jamais qu'un seul côté des choses;
   L'autre plonge en la nuit d'un mystère effrayant.
   L'homme subit le joug sans connaître les causes.
   Tout ce qu'il voit est court, inutile et fuyant.

45 Vous faites revenir toujours la solitude
              Autour de tous ses pas.

---

1. *Confesser* : ici « reconnaître »; terme chrétien traditionnel. Un *confesseur* est un saint qui a reconnu et publié la grandeur de Dieu. Les *Confessions* de saint Augustin comportaient à la fois l'*aveu* de ses péchés et la *reconnaissance* de l'aide divine. Ce double mouvement de l'âme est au cœur de notre poème.

──────── **QUESTIONS** ────────

● VERS 1-40. Le mouvement des vers 1-20; comparez-le au début du poème « À Eugène, vicomte H. » (page 63), mais aussi au début de « Veni, vidi, vixi » : montrez la valeur et l'effet de ce procédé de rhétorique. — Quels signes révèlent (vers 1-20) que le poète a retrouvé son équilibre? Relevez tous les termes qui rappellent ses sources habituelles d'inspiration et sa vision du monde. — De quelle façon le second mouvement (vers 21-40) fait-il équilibre au premier? Comparez le vocabulaire qui qualifie le caractère de Dieu à celui qui définissait (vers 1-20) les caractères du poète. — Le ton et le mouvement des vers 21-40; en quelles vérités le poète fait-il un acte de foi? Est-ce la voix de la *raison* retrouvée (vers 20)? La résonance chrétienne de certains articles de cet acte de foi et de résignation.

Vous n'avez pas voulu qu'il eût la certitude
                Ni la joie ici-bas !

Dès qu'il possède un bien, le sort le lui retire.
50 Rien ne lui fut donné, dans ses rapides jours,
Pour qu'il s'en puisse faire une demeure, et dire :
C'est ici ma maison, mon champ et mes amours !

Il doit voir peu de temps tout ce que ses yeux voient ;
                Il vieillit sans soutiens.
55 Puisque ces choses sont, c'est qu'il faut qu'elles soient ;
                J'en conviens, j'en conviens !

Le monde est sombre*, ô Dieu ! l'immuable harmonie
Se compose des pleurs aussi bien que des chants ;
L'homme n'est qu'un atome en cette ombre* infinie,
60 Nuit où montent les bons, où tombent les méchants[1].

Je sais que vous avez bien autre chose à faire
                Que de nous plaindre tous,
Et qu'un enfant qui meurt, désespoir de sa mère,
                Ne vous fait rien, à vous !

65 Je sais que le fruit tombe au vent qui le secoue,
Que l'oiseau perd sa plume, et la fleur son parfum ;
Que la création est une grande roue
Qui ne peut se mouvoir sans écraser quelqu'un ;

Les mois, les jours, les flots des mers, les yeux qui pleurent,
70   Passent sous le ciel bleu ;
Il faut que l'herbe pousse et que les enfants meurent :
                Je le sais, ô mon Dieu !

---

1. Le mystère où nous maintient le monde, qui ne dévoile Dieu que très par-
tiellement, assure l'ascension des bons dans l'échelle des êtres, et la descente des
méchants, peut-être jusqu'à l'état matériel.

─────────── QUESTIONS ───────────

● Vers 41-56. Ces vers ont été ajoutés en 1846 ; n'est-ce qu'un développement des vers précédents ? Le poète parle-t-il encore en son seul
nom personnel ? — Le thème de la faiblesse humaine : quelles expressions font penser au pessimisme pascalien ? Le vers 55 procède-t-il
cependant du même esprit ? — Rapprochez les vers 49-52 de certains
accents de « Tristesse d'Olympio ».

Dans vos cieux, au-delà de la sphère des nues,
Au fond de cet azur immobile et dormant,
75 Peut-être faites-vous des choses inconnues
Où la douleur de l'homme entre comme élément.

Peut-être est-il utile à vos desseins sans nombre
      Que des êtres charmants
S'en aillent, emportés par le tourbillon sombre*
80   Des noirs* événements.

Nos destins ténébreux vont sous des lois immenses
Que rien ne déconcerte[1] et que rien n'attendrit.
Vous ne pouvez avoir de subites clémences
Qui dérangent le monde, ô Dieu, tranquille esprit*!

85 Je vous supplie, ô Dieu! de regarder mon âme*,
      Et de considérer
Qu'humble comme un enfant et doux comme une femme,
      Je viens vous adorer!

Considérez encor que j'avais, dès l'aurore,
90 Travaillé, combattu, pensé, marché, lutté,
Expliquant la nature à l'homme qui l'ignore,
Éclairant toute chose avec votre clarté;

Que j'avais, affrontant la haine et la colère,
      Fait ma tâche ici-bas[2];
95 Que je ne pouvais pas m'attendre à ce salaire,
      Que je ne pouvais pas

Prévoir que, vous aussi, sur ma tête qui ploie
Vous appesantiriez votre bras triomphant,

---

1. *Déconcerter* : troubler l'accord qui existe dans un ensemble harmonieux (sens étymologique); 2. Voir « Veni, vidi, vixi », page 131.

--- **QUESTIONS** ---

● VERS 57-84. Quel changement d'attitude se traduit par la répétition de *Je sais?* L'expérience est-elle conciliable avec la foi exprimée dans les vers 21-40, et la soumission à la fatalité s'accorde-t-elle avec la confiance en la Providence? — Quel caractère prend maintenant l'immuable et l'immense, qui faisaient sa consolation dans le préambule du poème? Hugo ne revient-il pas au blasphème dont il croyait être sorti? — Relevez les images qui font partie de la vision du monde chère au poète et celles qui font entendre un accent nouveau.

Et que, vous qui voyiez comme j'ai peu de joie,
100 Vous me reprendriez si vite mon enfant!

Qu'une âme* ainsi frappée à se plaindre est sujette,
    Que j'ai pu blasphémer,
Et vous jeter mes cris comme un enfant qui jette
    Une pierre à la mer[1]!

105 Considérez qu'on doute, ô mon Dieu! quand on souffre,
Que l'œil qui pleure trop finit par s'aveugler,
Qu'un être que son deuil plonge au plus noir* du gouffre*,
Quand il ne vous voit plus, ne peut vous contempler,

Et qu'il ne se peut pas que l'homme, lorsqu'il sombre
110   Dans les afflictions,
Ait présente à l'esprit* la sérénité sombre*
    Des constellations!

Aujourd'hui, moi qui fus faible comme une mère,
Je me courbe à vos pieds devant vos cieux ouverts[2].
115 Je me sens éclairé dans ma douleur amère
Par un meilleur regard jeté sur l'univers.

Seigneur, je reconnais que l'homme est en délire
    S'il ose murmurer;
Je cesse d'accuser, je cesse de maudire,
120   Mais laissez-moi pleurer!

Hélas! laissez les pleurs couler de ma paupière,
Puisque vous avez fait les hommes pour cela!
Laissez-moi me pencher sur cette froide pierre
Et dire à mon enfant : Sens-tu que je suis là?

---

1. *Blasphémer - mer* : rime « normande » des classiques; au XIXᵉ siècle, cela n'est plus qu'une rime pour l'œil. — La comparaison des vers 103-104 signifie : « avec une colère sotte et impuissante »; 2. Les *cieux ouverts*, dans la tradition biblique, symbolisent la manifestation (épiphanie) de Dieu. C'est elle qui entraîne chez le voyant un *meilleur regard jeté sur l'univers* (vers 116).

--------- QUESTIONS ---------

● VERS 85-112. D'où vient la brusque rupture des vers 85-88? Après avoir fait le procès de Dieu, le poète va plaider sa propre cause : quels sont ses arguments? Cherchez, dans d'autres poèmes des *Contemplations*, des passages où Hugo a donné la même image de sa propre vie. —— Les vers 105-112 ont été ajoutés en 1846 : l'importance des vers 108 et 111.

125 Laissez-moi lui parler, incliné sur ses restes,
        Le soir, quand tout se tait,
Comme si, dans sa nuit rouvrant ses yeux célestes,
        Cet ange m'écoutait !

Hélas ! vers le passé tournant un œil d'envie,
130 Sans que rien ici-bas puisse m'en consoler,
Je regarde toujours ce moment de ma vie
Où je l'ai vue ouvrir son aile et s'envoler.

Je verrai cet instant jusqu'à ce que je meure,
        L'instant, pleurs superflus !
135 Où je criai : L'enfant que j'avais tout à l'heure,
        Quoi donc ! je ne l'ai plus !

Ne vous irritez pas que je sois de la sorte,
O mon Dieu ! cette plaie a si longtemps saigné !
L'angoisse dans mon âme* est toujours la plus forte,
140 Et mon cœur est soumis, mais n'est pas résigné.

Ne vous irritez pas ! fronts que le deuil réclame,
        Mortels sujets aux pleurs[1],
Il nous est malaisé de retirer notre âme*
        De ces grandes douleurs.

145 Voyez-vous, nos enfants nous sont bien nécessaires,
Seigneur ; quand on a vu dans sa vie, un matin,
Au milieu des ennuis, des peines, des misères,
Et de l'ombre* que fait sur nous notre destin,

Apparaître un enfant, tête chère et sacrée,
150   Petit être joyeux,
Si beau, qu'on a cru voir s'ouvrir à son entrée
        Une porte des cieux,

Quand on a vu, seize ans[2], de cet autre soi-même
Croître la grâce aimable et la douce raison,
155 Lorsqu'on a reconnu que cet enfant qu'on aime
Fait le jour dans notre âme* et dans notre maison ;

---

1. *Fronts* et *mortels* sont des noms mis en opposition au pronom *nous* du vers 143 ;
2. Chiffre inexact, appelé par la métrique ; Léopoldine était morte à dix-neuf ans.

> Que c'est la seule joie ici-bas qui persiste
> De tout ce qu'on rêva,
> Considérez que c'est une chose bien triste
> De le voir qui s'en va!

160

Villequier, 4 septembre 1847.
[Ms. : 4 septembre 1844, Villequier. — 24 octobre 1846.]

LIVRE V : EN MARCHE

12

DOLOROSAE

Poème adressé « A la douloureuse », à la *Mater dolorosa* de l'hymne à la Vierge, à la mère de Jésus qui se tient debout au pied de la croix où meurt son fils, à la mère qui n'oublie pas, qui affronte son deuil, comme Victor Hugo, « debout, mais incliné du côté

─────── **QUESTIONS** ───────

● VERS 117-160. La nouvelle étape dans le dialogue : en demandant à Dieu une « compensation » (vers 117-120), sur quel plan le poète se place-t-il par rapport à Dieu? L'importance du vers 140. — Le pathétique de la douleur humaine face au dieu de la Fatalité et de la Colère : relevez les expressions familières, qui touchent à la prose, qui brisent volontairement tout élan oratoire par leur discrétion et leur retenue. Est-ce moins émouvant que l'ampleur oratoire du début du poème? — Cette familiarité ne prouve-t-elle pas que, finalement, la conception de Dieu, affirmée aveuglément au début, est sentie ici comme une réalité?

■ SUR L'ENSEMBLE DU POÈME « À VILLEQUIER ». — La composition du poème : la voix de la raison (vers 1-84) et la voix du cœur (vers 85-160). Les mouvements du poète et leur expression : comment le style et le rythme reflètent-ils chaque moment de cette prière-dialogue avec Dieu?

— Le thème dominant et les thèmes secondaires : comment se mêlent-ils et s'harmonisent-ils dans cette symphonie de la souffrance?

— La philosophie de Victor Hugo : misère ou grandeur de l'homme, fatalité ou providence divine? Les réponses données à ces problèmes ne rappellent-elles pas tantôt Pascal, tantôt Voltaire? Montrez que la force de la poésie de Victor Hugo consiste peut-être à s'appuyer sur tout le passé de la culture française et à l'exprimer sous une forme accessible à tous.

— La forme métrique : étudiez l'effet produit par la combinaison des deux formes de strophes.

du mystère ». On sait que le poète, malgré sa liaison si durable avec Juliette Drouet, resta uni à sa femme, en qui il voyait avant tout la mère de ses enfants.

Mère, voilà douze ans que notre fille est morte;
Et depuis, moi le père et vous la femme forte[1],
Nous n'avons pas été, Dieu le sait, un seul jour
Sans parfumer son nom de prière et d'amour.
5 Nous avons pris la sombre* et charmante habitude
De voir son ombre* vivre en notre solitude,
De la sentir passer et de l'entendre errer,
Et nous sommes restés à genoux à pleurer.
Nous avons persisté dans cette douleur douce,
10 Et nous vivons penchés sur ce cher nid de mousse
Emporté dans l'orage avec les deux oiseaux[2].
Mère, nous n'avons pas plié, quoique roseaux[3],
Ni perdu la bonté vis-à-vis l'un de l'autre,
Ni demandé la fin de mon deuil et du vôtre
15 A cette lâcheté qu'on appelle l'oubli.
Oui, depuis ce jour triste où pour nous ont pâli
Les cieux, les champs, les fleurs, l'étoile, l'aube pure,
Et toutes les splendeurs de la sombre* nature,
Avec les trois enfants qui nous restent[4], trésor
20 De courage et d'amour que Dieu nous laisse encor,
Nous avons essuyé des fortunes[5] diverses,
Ce qu'on nomme malheur, adversité, traverses,
Sans trembler, sans fléchir[6], sans haïr les écueils,
Donnant aux deuils du cœur, à l'absence, aux cercueils,
25 Aux souffrances dont saigne ou l'âme* ou la famille,
Aux êtres chers enfuis ou morts, à notre fille,
Aux vieux parents repris par un monde meilleur,
Nos pleurs, et le sourire à toute autre douleur.

Marine-Terrace, août 1855.

1. *La femme forte*, terme des Écritures, désignant la parfaite épouse et mère de famille. Ici, Victor Hugo prend *forte* au sens habituel : courageuse; 2. Léopoldine et son mari Charles Vacquerie; 3. *Roseaux* : voir « A Villequier », vers 28; 4. Charles, François-Victor, Adèle. Ils ont à l'époque vingt-neuf, vingt-sept, vingt-six ans. Victor Hugo eut, en exil, beaucoup à souffrir de la conduite de ses deux garçons. Adèle s'enfuira et finira folle; 5. *Fortunes* : sorts (sens classique); 6. Allusion à l'exil où Victor Hugo fut contraint pour avoir refusé de pactiser avec Napoléon III : le jour du coup d'État (2 décembre 1851), il est entré au Comité de résistance. Une semaine après, il s'exile avec 71 représentants du peuple. Il gardera la même fermeté en 1859, lorsqu'il refusera de bénéficier de l'amnistie : « Fidèle à l'engagement que j'ai pris vis-à-vis de ma conscience, je partagerai jusqu'au bout l'exil de la liberté. Quand la liberté rentrera, je rentrerai. »

LIVRE VI : AU BORD DE L'INFINI

10

ÉCLAIRCIE

Pièce écrite très peu avant la constitution définitive du recueil des *Contemplations*.

L'océan resplendit sous la vaste nuée.
L'onde, de son combat sans fin exténuée,
S'assoupit, et, laissant l'écueil se reposer,
Fait de toute la rive un immense baiser.
5 On dirait qu'en tous lieux, en même temps, la vie
Dissout le mal, le deuil, l'hiver, la nuit, l'envie,
Et que le mort couché dit au vivant debout :
Aime[1] ! et qu'une âme* obscure, épanouie en tout,
Avance doucement sa bouche vers nos lèvres.

---

1. Pendant l'exil, Victor Hugo, hanté par le désir de pénétrer les mystères de l'au-delà, se livrait au spiritisme et faisait tourner les tables. Le 11 septembre 1853, Victor Hugo interroge Léopoldine, et d'après le compte rendu qu'il a pris de cette séance, comme de toutes les autres, il eut avec sa fille le dialogue suivant : « Es-tu heureuse? — Oui. » « Où est-tu? — Lumière. » « Que faut-il faire pour aller à toi? — Aimer. »

■ QUESTIONS ■

■ SUR L'ENSEMBLE DU POÈME « DOLOROSAE ». — Le 9 septembre 1843, alors qu'il vient d'apprendre la mort de Léopoldine, Victor Hugo écrivait à sa femme : « Pauvre femme, ne pleure pas. Résignons-nous. C'était un ange. Rendons-la à Dieu. Hélas! elle était trop heureuse. Oh! je souffre bien. Il me tarde de pleurer avec toi et avec mes trois pauvres enfants bien-aimés. » Les sentiments du poète ont-ils changé après douze ans? En vous reportant également au poème « À Villequier » (page 134), montrez comment reparaissent ici les grands thèmes du souvenir et de la résignation.

— La *douleur douce* (vers 9) : en quoi cette expression caractérise-t-elle le ton du poème? Comment l'expression de la douleur est-elle adaptée à la destinataire du poème?

— Par comparaison avec les pièces « Demain, dès l'aube » et « À Villequier », montrez la souplesse du génie créateur de Victor Hugo, capable de donner naissance à trois poèmes aussi différents sur un même motif, dans lesquels l'art ne le cède en rien à la sincérité du sentiment.

10 L'être, éteignant dans l'ombre* et l'extase ses fièvres,
   Ouvrant ses flancs, ses seins, ses yeux, ses cœurs épars,
   Dans ses pores profonds reçoit de toutes parts
   La pénétration de la sève sacrée.
   La grande paix d'en haut vient comme une marée.
15 Le brin d'herbe palpite aux fentes du pavé;
   Et l'âme a chaud. On sent que le nid est couvé.
   L'infini semble plein d'un frisson de feuillée.
   On croit être à cette heure où la terre éveillée
   Entend le bruit que fait l'ouverture du jour,
20 Le premier pas du vent, du travail, de l'amour,
   De l'homme, et le verrou de la porte sonore,
   Et le hennissement du blanc cheval aurore.
   Le moineau d'un coup d'aile, ainsi qu'un fol esprit,
   Vient taquiner le flot monstrueux qui sourit;
25 L'air joue avec la mouche, et l'écume avec l'aigle;
   Le grave laboureur fait ses sillons et règle
   La page où s'écrira le poème des blés;
   Des pêcheurs sont là-bas sous un pampre attablés;
   L'horizon semble un rêve éblouissant où nage
30 L'écaille de la mer, la plume du nuage,
   Car l'océan est hydre et le nuage oiseau.
   Une lueur, rayon vague, part du berceau
   Qu'une femme balance au seuil d'une chaumière,
   Dore les champs, les fleurs, l'onde, et devient lumière
35 En touchant un tombeau qui dort près du clocher.
   Le jour plonge au plus noir du gouffre*, et va chercher
   L'ombre*, et la baise au front sous l'eau sombre* et hagarde.
   Tout est doux, calme, heureux, apaisé; Dieu regarde.

                          1855.

—————— ■ QUESTIONS ——————

■ Sur l'ensemble du poème « Éclaircie ». — Distinguez dans ce tableau les choses vues, les rapprochements entre réalités présentes et réalités d'autres moments, les images purement décoratives. Quelle impression d'ensemble en résulte?

— A quel moment du jour se place cette image? D'où vient qu'on a à la fois l'impression d'un instant précis et d'une vision intemporelle?

— Comparez ce poème à « Stella » (page 90) et à « Magnitudo parvi » (page 109). Quels thèmes symboliques reparaissent, avec plus de force (triomphe de la vie, réconciliation des contraires, etc.)?

— Montrez que les antithèses s'accumulent ici pour illustrer la réconciliation de tout ce qui s'oppose dans le monde.

— Le sens de cette accalmie atmosphérique; commentez *Dieu regarde* (vers 38). Le triomphe de la vie et de la paix est-il définitif?

13

CADAVER

Méditation sur un cadavre, qui fait pendant à la méditation sur un enterrement qu'est le poème de ce recueil : « Pleurs dans la nuit ». Mais il y a une différence d'atmosphère et de conclusions : ce n'est plus le cadavre jeté en terre, pétrifié, que voit le poète, mais le cadavre souriant et serein, juste après la mort.

O mort! heure splendide! ô rayons mortuaires!
Avez-vous quelquefois soulevé des suaires?
Et, pendant qu'on pleurait, et qu'au chevet du lit,
Frères, amis, enfants, la mère qui pâlit,
5 Éperdus, sanglotaient dans le deuil qui les navre,
Avez-vous regardé sourire le cadavre?
Tout à l'heure il râlait, se tordait, étouffait;
Maintenant il rayonne. Abîme*! qui donc fait
Cette lueur qu'a l'homme en entrant dans les ombres*?
10 Qu'est-ce que le sépulcre? et d'où vient, penseurs sombres[1]*,
Cette sérénité formidable des morts?
C'est que le secret s'ouvre et que l'être est dehors!
C'est que l'âme* — qui voit, puis brille, puis flamboie —
Rit[2]*, et que le corps même a sa terrible joie.
15 La chair se dit : — Je vais être terre, et germer,
Et fleurir comme sève, et, comme fleur, aimer!
Je vais me rajeunir dans la jeunesse énorme
Du buisson, de l'eau vive, et du chêne, et de l'orme,

---

1. *Penseurs sombres* est en apostrophe. Hugo pose la question à lui-même et à ses semblables, ceux qui méditent sur les grands mystères; **2.** Notez le rejet. On trouvera chez Paul Claudel le même *rire* comme expression non pas de l'ironie ou de l'amusement, mais de la dilatation de l'âme, du triomphe de la découverte ou de l'action, etc. Claudel parle même de la « grande force comique » (qui est aussi cosmique).

--- **QUESTIONS** ---

● Vers 1-11. La valeur du premier vers; connaissez-vous d'autres poèmes de Victor Hugo où le début donne aussi le thème et le ton? — Faut-il parler de réalisme dans les images de la mort? Quel jeu d'antithèses métamorphose la réalité et prépare la question des vers 9-11? — Le poète voit-il précisément l'image d'un mort? A quelle scène vécue de sa propre existence semble-t-il penser, sans toutefois préciser?

Et me répandre aux lacs, aux flots, aux monts, aux prés,
20 Aux rochers, aux splendeurs des grands couchants pourprés,
Aux ravins, aux halliers, aux brises de la nue,
Aux murmures profonds de la vie inconnue!
Je vais être oiseau, vent, cri des eaux, bruit des cieux,
Et palpitation du tout prodigieux! —
25 Tous ces atomes las, dont l'homme était le maître,
Sont joyeux d'être mis en liberté dans l'être,
De vivre, et de rentrer au gouffre* qui leur plaît.
L'haleine, que la fièvre aigrissait et brûlait,
Va devenir parfum, et la voix harmonie;
30 Le sang va retourner à la veine infinie,
Et couler, ruisseau clair, aux champs où le bœuf roux
Mugit le soir avec l'herbe jusqu'aux genoux;
Les os ont déjà pris la majesté des marbres;
La chevelure sent le grand frisson des arbres,
35 Et songe aux cerfs errants, au lierre, aux nids chantants,
Qui vont l'emplir du souffle doré du printemps.
Et voyez le regard, qu'une ombre* étrange* voile,
Et qui, mystérieux, semble un lever d'étoile!

Oui, Dieu le veut, la mort, c'est l'ineffable chant
40 De l'âme* et de la bête à la fin se lâchant;
C'est une double issue ouverte à l'être double.
Dieu disperse, à cette heure inexprimable et trouble,
Le corps dans l'univers et l'âme* dans l'amour.
Une espèce d'azur que dore un vague jour,
45 L'air de l'éternité, puissant, calme, salubre,
Frémit et resplendit sous le linceul lugubre;
Et des plis du drap noir tombent tous nos ennuis.
La mort est bleue. O mort! ô paix! L'ombre des nuits,
Le roseau des étangs, le roc du monticule,
50 L'épanouissement sombre* du crépuscule,
Le vent, souffle farouche ou providentiel,

─────── **QUESTIONS** ───────

● Vers 12-38. Pourquoi quelques mots seulement sur l'âme et un si long développement sur la chair? — Y a-t-il seulement accumulation dans cette suite d'images? Montrez que se précise peu à peu la manière dont la chair retourne à la vie universelle. Commentez les vers 33-38 : évoquent-ils seulement des ressemblances? Dans quelle mesure indiquent-ils que le corps vit dans un nouveau rapport avec les réalités et finalement dans un autre mode de vie?

L'air, la terre, le feu, l'eau, tout, même le ciel,
Se mêle à cette chair qui devient solennelle.
Un commencement d'astre éclôt dans la prunelle[1].

Au cimetière, août 1855.
[Ms. : 9 août 1855.]

L'ART D'ÊTRE GRAND-PÈRE
1877

En 1877, Hugo, revenu depuis quatre ans à Paris, élu sénateur, patriarche des lettres et même un peu de la politique, publie ce livre fort inégal. On y trouve des hargnes anticléricales, des rancœurs politiques et littéraires; mais toute sa vieillesse endeuillée s'éclaire : à la fin de son exil, veuf depuis 1868, ses deux fils mariés et vivant loin de lui, il a eu la visite de ses deux petits-enfants, Georges et Jeanne. Après 1873, ses fils étant morts, ces deux petits restent sa seule famille.

JE PRENDRAI PAR LA MAIN...

Je prendrai par la main les deux petits enfants;
J'aime les bois où sont les chevreuils et les faons,
Où les cerfs tachetés suivent les biches blanches
Et se dressent dans l'ombre effrayés par les branches;

---

1. Il ne faut pas forcément voir ici l'idée — souvent reprise dans *les Contemplations* — que les morts peuvent se réincarner dans un astre ou aller l'habiter (« Saturne »), ni dans un objet précis (comme dans « Pleurs dans la nuit »). Il s'agit de l'éclosion d'une vie plus vaste, dans la totalité du réel, alors que, de notre vivant, nous n'avons rapport qu'avec des réalités isolées, et que notre corps est une limite.

● QUESTIONS ●

● Vers 39-54. Quelle vérité jusque-là laissée dans l'ombre se révèle au poète et explique tout? — La formule *Dieu le veut* (vers 39) ne se trouve-t-elle pas dans d'autres poèmes antérieurs? Cherchez-en des exemples. — Sous quelle forme reparaissent les thèmes des vers 12-38?

■ Sur l'ensemble du poème « Cadaver ». — La philosophie de la mort selon Victor Hugo : traduit-elle un culte panthéiste de l'énergie vitale ou une croyance à l'immortalité de l'âme et à la résurrection de la chair, selon le christianisme? Comment la vision poétique du monde donne-t-elle au poète l'impression de mettre en harmonie toutes les croyances qui se subliment dans l'amour?

5 Car les fauves sont pleins d'une telle vapeur
Que le frais tremblement des feuilles leur fait peur.
Les arbres ont cela de profond qu'ils vous montrent
Que l'éden seul est vrai, que les cœurs s'y rencontrent,
Et que, hors les amours et les nids, tout est vain;
10 Théocrite[1] souvent dans le hallier divin
Crut entendre marcher doucement la ménade[2].
C'est là que je ferai ma lente promenade
Avec les deux marmots. J'entendrai tour à tour
Ce que Georges conseille à Jeanne, doux amour,
15 Et ce que Jeanne enseigne à Georges. En patriarche
Que mènent les enfants, je réglerai ma marche
Sur le temps que prendront leurs jeux et leurs repas,
Et sur la petitesse aimable de leur pas.
Ils cueilleront des fleurs, ils mangeront des mûres.
20 O vaste apaisement des forêts! ô murmures!
Avril vient calmer tout, venant tout embaumer.
Je n'ai point d'autre affaire ici-bas que d'aimer.

Guernesey, 30 avril.

FENÊTRES OUVERTES

Le matin — En dormant.

J'entends des voix. Lueurs à travers ma paupière.
Une cloche est en branle à l'église Saint-Pierre.
Cris des baigneurs. Plus près! plus loin! non, par ici!
Non, par là! Les oiseaux gazouillent. Jeanne aussi.
5 Georges l'appelle. Chant des coqs. Une truelle
Racle un toit. Des chevaux passent dans la ruelle.

---

1. *Théocrite* : poète grec (IIIe siècle av. J.-C.) qui servit de modèle à Virgile dans ses poésies pastorales *(Bucoliques)*. Victor Hugo cite plus souvent ce dernier;
2. *Ménade* : nymphe des montagnes boisées, par qui fut élevé Bacchus; par la suite, les ménades furent les femmes consacrées à ce dieu, les Bacchantes.

--- **QUESTIONS** ---

■ Sur l'ensemble du poème « Je prendrai par la main... ». — Étudiez comment, au milieu de ces évocations bucoliques, entre ces deux enfants attendrissants, Victor Hugo reste à l'affût des mystères de la vie végétale et animale.
— L'unité profonde du sentiment de l'amour.

Grincement d'une faulx qui coupe le gazon.
Chocs. Rumeurs. Des couvreurs marchent sur la maison.
Bruits du port. Sifflement des machines chauffées.
10 Musique militaire arrivant par bouffées.
Brouhaha sur le quai. Voix françaises[1]. Merci.
Bonjour. Adieu. Sans doute il est tard, car voici
Que vient tout près de moi chanter mon rouge-gorge.
Vacarme de marteaux lointains dans une forge.
15 L'eau clapote. On entend haleter un steamer.
Une mouche entre. Souffle immense de la mer.

Guernesey, 18 juillet [1870].

LE POÈME DU JARDIN DES PLANTES

Écrit à Paris en 1875. Ce jardin est en grande partie un parc zoologique, lieu de promenade pour les petits Parisiens.

I

Le comte de Buffon[2] fut bonhomme, il créa
Ce jardin imité d'Evandre et de Rhéa[3]
Et plein d'ours plus savants que ceux de la Sorbonne,
Afin que Jeanne y puisse aller avec sa bonne;
5 Buffon avait prévu Jeanne, et je lui sais gré
De s'être dit qu'un jour Paris un peu tigré,
Complétant ses bourgeois par une variante,
La bête, enchanterait cette âme* souriante;

---

1. Il les remarque, car il est à Guernesey, où l'on parle plutôt le patois normand et l'anglais; **2.** *Buffon* (1707-1788), naturaliste et écrivain, fut nommé en 1739 intendant du Jardin du roi, qui avait été fondé en 1635. C'est lui qui fit moderniser l'organisation de ce jardin pour en faire un musée des trois grands règnes de la nature : le végétal, l'animal et le minéral. Les vers 11-12 font allusion à la réputation d'écrivain que s'est faite Buffon, styliste élégant et un peu pompeux, qui, disait-on, ne pouvait écrire que s'il portait ses fines manchettes de dentelle; **3.** *Évandre* : prince du Latium, qui, selon la légende, civilisa cette région et y accueillit Énée; il instaura en Italie, entre autres, le culte de Déméter (la Terre-Mère) et de Pan (la Vie-Totale). — *Rhéa*, mère des dieux grecs, fut assimilée aux déesses de la Fécondité : Déméter, Gaia, Cybèle.

■■■■■ **QUESTIONS** ■■■■■

■ SUR L'ENSEMBLE DU POÈME « FENÊTRES OUVERTES ». — La technique de ce poème; quels aspects de la poésie moderne se trouvent préfigurés ici?

Les enfants ont des yeux si profonds, que parfois
10 Ils cherchent vaguement la vision des bois;
Et Buffon paternel, c'est ainsi qu'il rachète
Sa phrase sur laquelle a traîné sa manchette,
Pour les marmots, de qui les anges sont jaloux,
A fait ce paradis suave, orné de loups.
15 J'approuve ce Buffon. Les enfants, purs visages,
Regardent l'invisible, et songent, et les sages[1]
Tâchent toujours de plaire à quelqu'un de rêveur*.

L'été dans ce jardin montre de la ferveur;
C'est un éden où juin rayonne, où les fleurs luisent,
20 Où l'ours bougonne, et Jeanne et Georges m'y conduisent.
C'est du vaste univers un raccourci complet.
Je vais dans ce jardin parce que cela plaît
A Jeanne, et que je suis contre elle sans défense.
J'y vais étudier deux gouffres*, Dieu, l'enfance,
25 Le tremblant nouveau-né, le créateur flagrant[2],
L'infiniment charmant et l'infiniment grand,
La même chose au fond; car c'est la même flamme
Qui sort de l'astre immense et de la petite âme*.

Je contemple, au milieu des arbres de Buffon,
30 Le bison trop bourru, le babouin trop bouffon,
Des bosses, des laideurs, des formes peu choisies,
Et j'apprends à passer à Dieu ses fantaisies.
Dieu, n'en déplaise au prêtre, au bonze, au caloyer[3],
Est capable de tout, lui qui fait balayer
35 Le bon goût, ce ruisseau, par Nisard[4], ce concierge,
Livre au singe excessif la forêt, cette vierge,
Et permet à Dupin de ressembler aux chiens.
(Pauvres chiens!) — Selon l'Inde et les manichéens[5],

---

1. S'agit-il des enfants sages, le rêveur étant, comme d'habitude, Victor Hugo?
— On pourrait aussi comprendre que Buffon fut parmi les sages, « quelqu'un de
rêveur » étant Georges ou Jeanne; 2. *Flagrant :* rayonnant, et pris en flagrant
délit (double sens); 3. Les *bonzes* sont des moines bouddhistes, les *caloyers* sont
des moines grecs du Mont-Athos. L'énumération, approximative, veut évoquer
les grandes religions; 4. *Désiré Nisard* (1806-1888), critique littéraire, défenseur
obstiné du classicisme en pleine époque romantique, fut un des adversaires de
Victor Hugo; 5. Encore des allusions bien approximatives aux religions. Les
manichéens (Perse, IIIe siècle), ancêtres spirituels des cathares ou albigeois, croyaient,
selon de vieilles religions d'Orient, que le monde avait été créé par une sorte de
dieu du Mal (ici le *Démon*), dont l'influence contrebalançait la puissance divine
du Bien.

Dieu doublé du démon expliquerait l'énigme ;
40 Le paradis ayant l'enfer pour borborygme,
La Providence un peu servante d'Ananké[1],
L'infini mal rempli par l'univers manqué,
Le mal faisant toujours au bien quelque rature,
Telle serait la loi de l'aveugle nature ;
45 De là les contre-sens de la création.
Dieu, certe, a des écarts d'imagination ;
Il ne sait pas garder la mesure ; il abuse
De son esprit* jusqu'à faire l'oie et la buse ;
Il ignore, auteur fauve et sans frein ni cordeau,
50 Ce point juste où Laharpe arrête Colardeau[2] :
Il se croit tout permis. Malheur à qui l'imite !
Il n'a pas de frontière, il n'a pas de limite ;
Et fait pousser l'ivraie au beau milieu du blé,
Sous prétexte qu'il est l'immense et l'étoilé ;
55 Il a d'affreux vautours qui nous tombent des nues ;
Il nous impose un tas d'inventions cornues,
Le bouc, l'auroch, l'isard et le colimaçon ;
Il blesse le bon sens, il choque la raison ;
Il nous raille ; il nous fait avaler la couleuvre[3] !
60 Au moment où, contents, examinant son œuvre,
Rendant pleine justice à tant de qualités,
Nous admirons l'œil d'or des tigres tachetés,
Le cygne, l'antilope à la prunelle bleue,
La constellation qu'un paon a dans sa queue,
65 D'une cage insensée il tire le verrou,
Et voilà qu'il nous jette au nez le kangourou !

. . . .

75 Si bien qu'on ne sait plus s'il faut trembler ou rire*,
Et qu'on croit voir rôder, dans l'ombre* que déchire
Tantôt le rayon d'or, tantôt l'éclair d'acier,
Un spectre qui parfois avorte en grimacier.
Moi, je n'exige pas que Dieu toujours s'observe.
80 Il faut bien tolérer quelques excès de verve
Chez un si grand poète, et ne point se fâcher

---

1. *Ananké* : en grec, la Destinée, surtout dans ce qu'elle apporte de mauvais ;
2. *Laharpe*, auteur d'un célèbre *Cours de littérature*, succéda au médiocre poète du XVIIIe, *Colardeau*, à l'Académie française ; 3. Cette expression, employée proverbialement, signifie : faire accepter des injures (origine : voir Evangile de saint Matthieu, VII, 10). Hugo lui redonne une sorte de sens littéral.

Si celui qui nuance une fleur de pêcher
Et courbe l'arc-en-ciel sur l'océan qu'il dompte,
Après un colibri nous donne un mastodonte !
85 C'est son humeur à lui d'être de mauvais goût,
D'ajouter l'hydre au gouffre* et le ver à l'égout,
D'avoir en toute chose une stature étrange
Et d'être un Rabelais d'où sort un Michel-Ange.
C'est Dieu ; moi je l'accepte.

                          Et quant aux nouveau-nés,
90 De même. Les enfants ne nous sont pas donnés
Pour avoir en naissant les façons du grand monde ;
Les petits en maillot, chez qui la sève abonde,
Poussent l'impolitesse assez loin quelquefois ;
J'en conviens. Et parmi les cris, les pas, les voix,
95 Les ours et leurs cornacs, les marmots et leurs mères,
Dans ces réalités semblables aux chimères,
Ebahi par le monstre et le mioche, assourdi
Comme par la rumeur d'une ruche à midi,
Sentant qu'à force d'être aïeul on est apôtre,
100 Questionné par l'un, escaladé par l'autre,
Pardonnant aux bambins le bruit, la fiente aux nids,
Et le rugissement aux bêtes, je finis
Par ne plus être, au fond du grand jardin sonore,
Qu'un bonhomme attendri par l'enfance et l'aurore,
105 Aimant ce double feu, s'y plaisant, s'y chauffant,
Et pas moins indulgent pour Dieu que pour l'enfant.

                                 12 septembre 1875.

─────── **QUESTIONS** ───────

■ Sur l'ensemble du « Poème du Jardin des Plantes ». — L'humour de Victor Hugo : sait-il exprimer les impressions naïves de l'enfance et les perspectives sous lesquelles les enfants peuvent voir l'univers ? Pourquoi cette simplicité s'accorde-t-elle avec les traits de satire qui raillent doucement Buffon et égratignent plus durement quelques contemporains ?

   — La fonction du poète (vers 24 et 29) : en quoi Victor Hugo reste-t-il ici fidèle à lui-même ?

   — Se prend-il tout à fait au sérieux ? Se moque-t-il de lui-même ?

   — Dans le tableau de la Création (vers 29-88), étudiez l'idée directrice : quels sont les principes de la philosophie hugolienne qu'on retrouve ici sur le mode ironique ? Relevez les antithèses destinées à mettre en évidence la confrontation des contraires.

   — Hugo, poète animalier d'après ce texte.

LES QUATRE VENTS DE L'ESPRIT
1881

LIVRE III — 1

JE SUIS FAIT D'OMBRE ET DE MARBRE

Je suis fait d'ombre* et de marbre.
Comme les pieds noirs de l'arbre,
Je m'enfonce dans la nuit.
J'écoute ; je suis sous terre ;
5   D'en bas, je dis au tonnerre :
Attends ! ne fais pas de bruit.

Moi qu'on nomme le poète,
Je suis dans la nuit muette
L'escalier mystérieux ;
10   Je suis l'escalier Ténèbres ;
Dans mes spirales* funèbres,
L'ombre* ouvre ses vagues yeux.

Les flambeaux deviendront cierges.
Respectez mes degrés vierges,
15   Passez, les joyeux du jour !
Mes marches ne sont pas faites
Pour les pieds ailés des fêtes,
Pour les pieds nus de l'amour.

Devant ma profondeur blême,
20   Tout tremble, les spectres même
Ont des gouttes de sueur.
Je viens de la tombe morte ;
J'aboutis à cette porte
Par où passe une lueur.

25   Le banquet rit* et flamboie,
Les maîtres sont dans la joie
Sur leur trône ensanglanté ;

Tout les sert, tout les encense;
Et la femme à leur puissance
30   Mesure sa nudité.

Laissez la clef et le pène.
Je suis l'escalier; la peine
Médite; l'heure viendra;
Quelqu'un qu'entourent les ombres*
35   Montera mes marches sombres*.
Et quelqu'un les descendra.

3 avril 1854.

TOUTE LA LYRE
1888

LIVRE V — 52

TU RENTRERAS...

Tu rentreras comme Voltaire;
Chargé d'ans, en ton grand Paris;
Des Jeux, des Grâces et des Ris
Tu seras l'hôte involontaire;

5   Tu seras le mourant aimé;
On murmurera dès l'aurore,
A ton seuil à demi fermé,
Déjà! mêlé de : Pas encore!

─────── QUESTIONS ───────

■ Sur l'ensemble du poème « Je suis fait d'ombre et de marbre ».
— Pourquoi peut-on considérer le vers 11 comme la clé du poème?
Par comparaison avec « la Pente de la rêverie » (page 31), montrez
comment l'image de la spirale a évolué dans l'esprit du poète.
    — Le fantastique : quels éléments créent la terreur et le mystère?
    — Pourquoi a-t-on l'impression d'une prophétie « biblique »?
    — Le symbolisme est-il parfaitement clair? Relevez toutes les expres-
sions qui condensent le symbole jusqu'à l'hermétisme.

Tu seras marmot et barbon;
10   Tu goûteras la joie honnête
D'être si bon qu'on te croit bête
Et si bête qu'on te croit bon.

Sans date.

LIVRE VII — 8

LA CHANSON DU SPECTRE

Cette chanson anodine, rendue à la fois plus mystérieuse et plus inoffensive par le système des refrains, et par l'interpolation d'un récit entre les questions et les réponses, est peut-être bien pour l'auteur une manière de se défaire du fantôme de la Dame blanche, qui terrorisa ses nuits l'année précédente, à l'époque des grands poèmes hallucinatoires sur la mort qui sont au sixième livre des *Contemplations*.

Qui donc êtes-vous, la belle?
Comment vous appelez-vous?
Une vierge était chez nous;
Ses yeux étaient des bijoux.
5   Je suis la vierge, dit-elle.
Cueillez la branche de houx.

Vous êtes en blanc, la belle;
Comment vous appelez-vous?
En gardant les grands bœufs roux,
10   Claude lui fit les yeux doux.
Je suis la fille, dit-elle.
Cueillez la branche de houx.

Vous portez des fleurs, la belle;
Comment vous appelez-vous?
15   Les vents et les cœurs sont fous,
Un baiser les fit époux.
Je suis l'amante, dit-elle.
Cueillez la branche de houx.

──── **QUESTIONS** ────

■ Sur l'ensemble du poème « Tu rentreras... ». — Dans quelle mesure ce court poème pourrait-il être considéré comme une forme romantique et hugolienne de l'épigramme classique?

Vous avez pleuré, la belle;
20   Comment vous appelez-vous?
Elle eut un fils, prions tous,
Dieu le prit sur ses genoux.
Je suis la mère, dit-elle.
Cueillez la branche de houx.

25   Vous êtes pâle, la belle;
Comment vous appelez-vous?
Elle s'enfuit dans les trous,
Sinistre, avec les hiboux.
Je suis la folle, dit-elle.
30   Cueillez la branche de houx.

Vous avez bien froid, la belle;
Comment vous appelez-vous?
Les amours et les yeux doux
De nos cercueils sont les clous.
35   Je suis la morte, dit-elle.
Cueillez la branche de houx.

13 avril 1855.

───── ■ QUESTIONS ─────

■ Sur l'ensemble du poème « la Chanson du spectre ». — Quels sont les motifs qui ont donné naissance à cette chanson (voir les quelques lignes d'introduction)? Que vous suggère celle-ci, prise en elle-même?

— Les procédés de composition : comment Hugo imite-t-il ici les motifs de la chanson populaire? Montrez qu'ils sont aussi mêlés d'éléments qui rappellent la ballade germanique. Quel est le résultat de la contamination des deux genres?

DOCUMENTATION THÉMATIQUE

réunie par la Rédaction des Nouveaux Classiques Larousse

1. LA PRÉFACE DE 1824
AUX *ODES ET BALLADES*

[...] Il faut en convenir, un mouvement vaste et profond travaille intérieurement la littérature de ce siècle.

Quelques hommes distingués s'en étonnent, et il n'y a précisément dans tout cela d'étonnant que leur surprise. En effet, si, après une révolution politique qui a frappé la société dans toutes ses sommités et dans toutes ses racines, qui a touché à toutes les gloires et à toutes les infamies, qui a tout désuni et tout mêlé, au point d'avoir dressé l'échafaud à l'abri de la tente, et mis la hache sous la garde du glaive, après une commotion effrayante qui n'a rien laissé dans le cœur des hommes qu'elle n'ait remué, rien dans l'ordre des choses qu'elle n'ait déplacé; si, disons-nous, après un si prodigieux événement, nul changement n'apparaissait dans l'esprit et dans le caractère d'un peuple, n'est-ce pas alors qu'il faudrait s'étonner, et d'un étonnement sans bornes?

Les plus grands poètes du monde sont venus après de grandes calamités publiques. Sans parler des chantres sacrés, toujours inspirés par des malheurs passés ou futurs, nous voyons Homère apparaître après la chute de Troie et les catastrophes de l'Argolide; Virgile après le triumvirat. Jeté au milieu des discordes des Guelfes et des Gibelins, Dante avait été proscrit avant d'être poète. Milton rêvait Satan chez Cromwell. Le meurtre de Henri IV précéda Corneille. Racine, Molière, Boileau avaient assisté aux orages de la Fronde. Après la Révolution française, Chateaubriand s'élève et la proportion est gardée.

Et ne nous étonnons point de cette liaison remarquable entre les grandes époques politiques et les belles époques littéraires. La marche sombre et imposante des événements par lesquels le pouvoir d'en haut se manifeste aux pouvoirs d'ici-bas, l'unité éternelle de leur cause, l'accord solennel de leurs résultats, ont quelque chose qui frappe profondément la pensée. Ce qu'il y a de sublime et d'immortel dans l'homme se réveille comme un sursaut, au bruit de toutes ces voix merveilleuses qui avertissent de Dieu. L'esprit des peuples, en un religieux silence, entend longtemps retentir de catastrophe en catastrophe la parole mystérieuse qui témoigné dans les ténèbres,

Admonet, et magna testatur voce per umbras[1].

Quelques âmes choisies recueillent cette parole et s'en fortifient. Quand elle a cessé de tonner dans les événements, elles la font éclater dans leurs inspirations, et c'est ainsi que les enseignements célestes se continuent par des chants. Telle est la mission du génie ; ses élus sont *ces sentinelles laissées par le Seigneur sur les tours de Jérusalem, et qui ne se tairont ni jour ni nuit*[2].

La littérature présente, telle que l'ont créée les Chateaubriand, les Staël, les Lamennais, n'appartient donc en rien à la révolution. De même que les écrits sophistiques et déréglés des Voltaire, des Diderot et des Helvétius ont été d'avance l'expression des innovations sociales écloses dans la décrépitude du dernier siècle, la littérature actuelle, que l'on attaque avec tant d'instinct d'un côté et si peu de sagacité de l'autre, est l'expression anticipée de la société religieuse et monarchique qui sortira sans doute du milieu de tant d'anciens débris, de tant de ruines récentes. Il faut le dire et le redire, ce n'est pas un besoin de nouveauté qui tourmente les esprits, c'est un besoin de vérité, et il est immense.

C'est surtout à réparer le mal fait par les sophistes[3] que doit s'attacher aujourd'hui le poète. Il doit marcher devant les peuples comme une lumière et leur montrer le chemin. Il doit les ramener à tous les grands principes d'ordre, de morale et d'honneur ; et, pour que sa puissance leur soit douce, il faut que toutes les fibres du cœur humain vibrent sous ses doigts comme les cordes d'une lyre. Il ne sera jamais l'écho d'aucune parole, si ce n'est de celle de Dieu. Il se rappellera toujours ce que ses prédécesseurs ont trop oublié, que lui aussi il a une religion et une patrie. Ses chants célébreront sans cesse les gloires et les infortunes de son pays, les austérités et les ravissements de son culte, afin que ses aïeux et ses contemporains recueillent quelque chose de son génie et de son âme et que, dans la postérité, les peuples ne disent pas de lui : « Celui-là chantait dans une terre barbare. »

In qua scribebat, barbara terra fuit[4] !

Février 1824.

---

1. (Phlégyas) donne un avertissement et, de sa voix puissante, témoigne dans les ténèbres (Virgile, *Enéide*, VI, 619) ; 2. « J'ai établi des sentinelles sur vos murs ô Jérusalem ; ils ne se tairont jamais, ni durant le jour, ni durant la nuit » (Isaïe, LXII, 6) ; 3. Le mot s'applique aux philosophes du XVIII° siècle ; 4. Ovide (*Tristes*, III, I, v. 18).

2. LA PRÉFACE
DES *RAYONS ET DES OMBRES* (1840)

Tout se tient, tout est complet, tout s'accouple et se féconde par l'accouplement. La société se meut dans la nature ; la nature enveloppe la société.

L'un des deux yeux du poète est pour l'humanité, l'autre pour la nature. Le premier de ces yeux s'appelle l'observation, le second s'appelle l'imagination.

De ce double regard toujours fixé sur son double objet naît au fond du cerveau du poète cette inspiration une et multiple, simple et complexe, qu'on nomme le génie. [...]

Des choses immortelles ont été faites de nos jours par de grands et nobles poètes personnellement et directement mêlés aux agitations quotidiennes de la vie politique. Mais, à notre sens, un poète complet, que le hasard ou sa volonté aurait mis à l'écart, du moins pour le temps qui lui serait nécessaire, et préservé, pendant ce temps, de tout contact immédiat avec les gouvernements et les partis, pourrait faire aussi, lui, une grande œuvre.

Nul engagement, nulle chaîne. La liberté serait dans ses idées comme dans ses actions. Il serait libre dans sa bienveillance pour ceux qui travaillent, dans son aversion pour ceux qui nuisent, dans son amour pour ceux qui servent, dans sa pitié pour ceux qui souffrent [...]. Aucune haine contre le roi dans son affection pour le peuple ; aucune injure pour les dynasties régnantes dans ses consolations aux dynasties tombées ; aucun outrage aux races mortes dans sa sympathie pour les rois de l'avenir. Il vivrait dans la nature, il habiterait avec la société [...]. Rien ne le troublerait dans sa profonde et austère contemplation ; ni le passage bruyant des événements publics, car il se les assimilerait et en ferait entrer la signification dans son œuvre ; ni le voisinage accidentel de quelque grande douleur privée, car l'habitude de penser donne la facilité de consoler ; ni même la commotion intérieure de ses propres souffrances personnelles, car à travers ce qui se déchire en nous on entrevoit Dieu, et, quand il aurait pleuré, il méditerait.

Dans ses drames, vers et prose, pièces et romans, il mettrait l'histoire et l'invention, la vie des peuples et la vie des individus, le haut enseignement des crimes royaux comme dans la tragédie antique, l'utile peinture des vices populaires comme dans la vieille comédie. Voilant à dessein les exceptions honteuses, il inspirerait la vénération pour la vieillesse, en montrant la vieillesse toujours grande ; la compassion pour la femme, en montrant la femme toujours faible ; le culte des affections naturelles, en montrant qu'il y a toujours, et dans tous les cas, quelque chose de sacré, de divin et de vertueux dans ces deux grands sentiments sur lesquels le monde repose depuis Adam et Eve, la paternité, la maternité. Enfin, il relèverait partout la dignité de la créature humaine en faisant voir qu'au fond de tout homme, si désespéré et si perdu qu'il soit, Dieu a mis une étincelle qu'un souffle d'en haut peut toujours raviver, que la cendre ne cache point, que la fange même n'éteint pas, — l'âme.

Dans ses poèmes il mettrait les conseils du temps présent, les esquisses rêveuses de l'avenir ; le reflet, tantôt éblouissant, tantôt sinistre, des événements contemporains ; les panthéons, les tombeaux, les ruines, les souvenirs ; la charité pour les pauvres, la tendresse pour les misérables ; les saisons, le soleil, les champs, la mer, les montagnes ; les coups d'œil furtifs dans le sanctuaire de l'âme où l'on aperçoit sur un autel mystérieux, comme par la porte entr'ouverte d'une chapelle, toutes ces belles urnes d'or, la foi, l'espérance, la poésie, l'amour ; enfin il y mettrait cette profonde peinture du moi qui est peut-être l'œuvre la plus large, la plus générale et la plus universelle qu'un penseur puisse faire.

Comme tous les poètes qui méditent et qui superposent constamment leur esprit à l'univers, il laisserait rayonner, à travers toutes ses créations, poèmes ou drames, la splendeur de la création de Dieu...

[...] Il aurait le culte de la conscience comme Juvénal, lequel sentait jour et nuit « un témoin en lui-même », *nocte dieque suum gestare in pectore testem ;* le culte de la pensée comme Dante, qui nomme les damnés « ceux qui ne pensent plus », *le genti dolorose ch'anno perduto il ben del intelletto ;* le culte de la nature comme saint Augustin qui, sans crainte d'être déclaré panthéiste, appelle le ciel « une créature intelligente » *Cœlum cœli creatura est aliqua intellectualis.*

Et ce que ferait ainsi, dans l'ensemble de son œuvre, avec tous ses drames, avec toutes ses poésies, avec toutes ses pensées amoncelées, ce poète, ce philosophe, cet esprit, ce serait, disons-le ici, la grande épopée mystérieuse dont nous avons tous chacun un chant en nous-mêmes, dont Milton a écrit le prologue et Byron l'épilogue : le Poème de l'Homme.

Cette vie imposante de l'artiste civilisateur, ce vaste travail de philosophie et d'harmonie, cet idéal du poème et du poète, tout penseur a le droit de se les proposer comme but, comme ambition, comme principe et comme fin.

3. *LES RAYONS ET LES OMBRES*

◆ « Fonction du poète » (extraits).

I

Pourquoi t'exiler, ô poète,
Dans la foule où nous te voyons?
Que sont pour ton âme inquiète
Les partis, chaos sans rayons?
Dans leur atmosphère souillée
Meurt ta poésie effeuillée;
Leur souffle égare ton encens.
Ton cœur, dans leurs luttes serviles,
Est comme ces gazons des villes
Rongés par les pieds des passants.

Dans les brumeuses capitales
N'entends-tu pas avec effroi,
Commè deux puissances fatales,
Se heurter le peuple et le roi?
De ces haines que tout réveille
A quoi bon emplir ton oreille,
O poète, ô maître, ô semeur?
Tout entier au Dieu que tu nommes,
Ne te mêle pas à ces hommes
Qui vivent dans une rumeur!

Va résonner, âme épurée,
Dans le pacifique concert!
Va t'épanouir, fleur sacrée,
Sous les larges cieux du désert!
O rêveur, cherche les retraites,
Les abris, les grottes discrètes,
Et l'oubli pour trouver l'amour,
Et le silence, afin d'entendre
La voix d'en haut, sévère et tendre,
Et l'ombre, afin de voir le jour!

Va dans les bois! va sur les plages!
Compose tes chants inspirés
Avec la chanson des feuillages
Et l'hymne des flots azurés!
Dieu t'attend dans les solitudes;

Dieu n'est pas dans les multitudes;
L'homme est petit, ingrat et vain.
Dans les champs tout vibre et soupire.
La nature est la grande lyre,
Le poète est l'archet divin!

Sors de nos tempêtes, ô sage!
Que pour toi l'empire en travail,
Qui fait son périlleux passage
Sans boussole et sans gouvernail,
Soit comme un vaisseau qu'en décembre
Le pêcheur, du fond de sa chambre
Où pendent les filets séchés,
Entend la nuit passer dans l'ombre
Avec un bruit sinistre et sombre
De mâts frissonnants et penchés!

II

— Hélas! hélas! dit le poète,
J'ai l'amour des eaux et des bois;
Ma meilleure pensée est faite
De ce que murmure leur voix.
La création est sans haine.
Là, point d'obstacle et point de chaîne.
Les prés, les monts, sont bienfaisants;
Les soleils m'expliquent les roses;
Dans la sérénité des choses
Mon âme rayonne en tous sens.

Je vous aime, ô sainte nature!
Je voudrais m'absorber en vous;
Mais, dans ce siècle d'aventure,
Chacun, hélas! se doit à tous.
Toute pensée est une force.
Dieu fit la sève pour l'écorce,
Pour l'oiseau les rameaux fleuris,
Le ruisseau pour l'herbe des plaines,
Pour les bouches, les coupes pleines,
Et le penseur pour les esprits!

Dieu le veut, dans les temps contraires,
Chacun travaille et chacun sert.
Malheur à qui dit à ses frères:
Je retourne dans le désert!
Malheur à qui prend des sandales

Quand les haines et les scandales
Tourmentent le peuple agité;
Honte au penseur qui se mutile,
Et s'en va, chanteur inutile,
Par la porte de la cité! [...]

Peuples! écoutez le poète!
Ecoutez le rêveur sacré!
Dans votre nuit, sans lui complète,
Lui seul a le front éclairé!
Des temps futurs perçant les ombres,
Lui seul distingue en leurs flancs sombres
Le germe qui n'est pas éclos.
Homme, il est doux comme une femme.
Dieu parle à voix basse à son âme
Comme aux forêts et comme aux flots!

C'est lui qui, malgré les épines,
L'envie et la dérision,
Marche, courbé dans vos ruines,
Ramassant la tradition.
De la tradition féconde
Sort tout ce qui couvre le monde,
Tout ce que le ciel peut bénir.
Toute idée, humaine ou divine,
Qui prend le passé pour racine
A pour feuillage l'avenir.

Il rayonne! il jette sa flamme
Sur l'éternelle vérité!
Il la fait resplendir pour l'âme
D'une merveilleuse clarté!
Il inonde de sa lumière
Ville et déserts, Louvre et chaumière,
Et les plaines et les hauteurs;
A tous d'en haut il la dévoile;
Car la poésie est l'étoile
Qui mène à Dieu rois et pasteurs!

25 mars-1er avril 1839.

JUGEMENTS SUR VICTOR HUGO POÈTE

● QUELQUES FORMULES A L'EMPORTE-PIÈCE

Leconte de Lisle.

Il a forgé, soixante ans durant, des vers d'or sur une enclume d'airain.

Émile Zola.

J'ai cru entendre « Malbrough s'en va-t-en guerre » joué dans les trompettes du Jugement dernier. (A propos de l'Ane.)

Charles Baudelaire.

Hugo-Sacerdoce a toujours le front penché — trop penché pour rien voir, excepté son nombril.

Maurice Barrès.

Le génie de sonorité était supérieur chez Hugo au génie de réflexion.

Paul Valéry.

V. Hugo est un milliardaire, ce n'est pas un prince.

André Gide.

Le plus grand poète français? Victor Hugo, hélas!

Louis Perche.

Jusqu'à son dernier souffle, Hugo a été l'enfant de chœur d'une religion dionysiaque de l'infini.

● QUELQUES RÉACTIONS DE CONTEMPORAINS

Il y a un défaut remarquable dans tous les ouvrages du jeune poète, c'est le trop. Après lui, il n'y a pas à glaner. Il épuise, il pressure tous les sujets, et quand il en a tiré tout ce qu'ils renfermaient de philosophie et de poésie, il les bat, il les remue encore, il leur demande ce qu'ils n'ont plus. Ce sont alors des pensées, ce sont des impressions vagues qui ne s'analysent pas, qui ne se touchent pas au doigt, ce sont des expériences sur cette langue qui ne lui est jamais rebelle et qu'il façonne à toutes ses fantaisies ; des images qui se choquent entre elles et produisent d'autres images [...], quelque chose enfin qui ne se peut point définir et qui n'a point de réalité, ce qui est un défaut capital dans l'art.

Désiré Nisard,
Essai sur l'école romantique
(à propos des *Feuilles d'automne*).

Il faut se hâter de parler des *Contemplations*, car c'est un de ces livres qui doivent descendre vite dans l'oubli des hommes. [...] C'est un livre accablant pour la mémoire de M. Hugo, et c'est à dessein que nous écrivons « la mémoire ». A dater des *Contemplations*, M. V. Hugo n'existe plus. On en doit parler comme d'un mort.

Barbey d'Aurevilly,
dans *le Pays* (19 juin 1856).

Nous causons avec Flaubert des *Légendes des siècles*, de Hugo. Ce qui le frappe surtout dans Hugo, qui a l'ambition de passer pour un penseur, c'est l'absence de pensée ; c'est, selon son expression, un naturaliste. Il a de la sève des arbres dans le sang.

Journal des Goncourt (4 mars 1860).

Les premiers romantiques ont été *voyants* sans trop bien s'en rendre compte : la culture de leurs âmes s'est commencée aux accidents : locomotives abandonnées, mais brûlantes, que prennent quelque temps les rails. — Lamartine est quelquefois *voyant*, mais étranglé par la forme vieille. — Hugo, trop *cabochard*, a bien du *vu* dans les derniers volumes : *les Misérables* sont un vrai *poème*. J'ai *les Châtiments* sous la main ; *Stella* donne à peu près la mesure de la *vue* de Hugo. Trop de Belmontet et de Lamennais, de Jéhovahs et de colonnes, vieilles énormités crevées.

Arthur Rimbaud (1871).

Quelles que soient les causes, les raisons, les influences qui ont modifié sa pensée, bien qu'il se soit mêlé ardemment aux luttes politiques et aux revendications sociales, Victor Hugo est avant tout et surtout un grand et sublime poète, c'est-à-dire un irréprochable artiste, car les deux termes sont nécessairement identiques.

Leconte de Lisle,
Discours à l'Académie française (1887).

● LES CRITIQUES

Les historiens de la littérature de tradition universitaire tentent de définir l'imagination créatrice du poète, sans parvenir à dissimuler leur méfiance pour l'énormité de sa création.

L'âme de Hugo, par cela même qu'elle était l'une des plus passionnées, a été l'une des plus tumultueuses, et, partant, l'une des plus troubles et des plus confuses que ce siècle ait connues. [...] Dans sa première manière, contenu, ou retenu qu'il était par toute sorte d'entraves, par le besoin même ou l'ambition de se faire un nom, par ses origines, par sa situation sociale, [...] Hugo a donc dissimulé sa véritable nature. [...] Mais, plus tard, dans l'exil et dans la solitude, libéré de toute contrainte, n'ayant plus rien à ménager ni personne, devenu dieu sur son rocher, il s'est mis tout entier dans ses *Châtiments,* dans ses *Contemplations,* dans sa *Légende des siècles,* avec toutes ses rancunes et toutes ses haines, toutes ses révoltes et toutes ses espérances.

... Tout son génie et tout son cœur,

toutes ses préoccupations et toutes ses angoisses. Et alors on a bien vu ce qu'il était en réalité, un homme de son temps, oui, sans doute, mais, par la qualité de son imagination, par l'impossibilité de s'en rendre maître, [...] un contemporain d'Ezéchiel ou d'Eschyle, un « primitif » [...], pour toutes ces raisons, non pas peut-être le plus grand poète, mais le plus grand lyrique de tous les temps.

Ferdinand Brunetière,
Évolution de la poésie lyrique (tome II) [1894].

Victor Hugo ne pense que par images. [...] Une chose vue éveille l'idée qui sommeillait en lui, ou l'idée inquiète se projette dans l'objet qui frappe ses yeux. Dès lors le poète est délivré de l'embarras des opérations intellectuelles : il a fait passer dans sa sensation son idéal ou sa doctrine; il n'a que faire d'analyser; il n'a qu'à utiliser son admirable mémoire des formes et ce don qu'il a de les agrandir, détacher ou combiner sans les détacher de leur soutien réel, ce don aussi de suggestion qui lui fait trouver des passages inconnus entre les apparences les plus éloignées. Ainsi la pensée devient hallucination, le raisonnement description : au lieu d'un philosophe, nous avons un visionnaire.

Gustave Lanson,
Manuel d'histoire de la littérature française (1930).

● HUGO LIVRÉ AUX GRANDS ÉCRIVAINS

Zola n'admet pas le Hugo « rêveur ».

Le poète est déiste, voilà la seule chose qu'on puisse affirmer; il croit à Dieu et à l'âme immortelle; seulement quel est ce Dieu, d'où vient notre âme, où va-t-elle, pourquoi s'est-elle incarnée ? C'est ce qu'il explique en poète. Il bâtit les dogmes les plus étranges, il se perd dans des interprétations stupéfiantes. En lui, tout reste sentiment ; il fait de la politique de sentiment, de la philosophie de sentiment, de la science de sentiment. Comme disent ses disciples, il tend vers les hauteurs. Rien de plus estimable, mais les hauteurs, c'est bien vague ; il serait certainement préférable, à notre époque, de tendre vers la vérité.

[...] Certes, Victor Hugo est une âme tendre, lorsqu'il rêve le baiser universel des peuples, la fin des guerres, l'arrivée de l'humanité dans une cité de lumière où tout le monde vivrait en pleine béatitude. Mais cette vision du poète montre combien peu il a le cerveau d'un penseur et d'un savant. A mesure que l'âge est venu, il est tombé davantage dans une humanitairerie de bon vieillard. C'est ce que j'appellerais le gâtisme humanitaire.

Emile Zola,
Documents littéraires (1879).

Claudel, lui, avec son intransigeance coutumière, va plus loin :

Qui aurait le cœur de reprocher au pauvre poète assiégé de ces rêves affreux sa foi respectable dans un avenir meilleur, une humanité éclairée et renouvelée ? Mais cela, c'est le futur inaccessible, et de la vision du présent comme du passé, il ne paraît retirer que de l'horreur. Que sera d'ailleurs ce demain radieux ? on n'en trouve dans cette immense œuvre aucun pressentiment qui puisse nous toucher, aucun trait vivant, aucun souffle qui allume, dans un cœur généreux de passion, du désir et de l'espérance. C'est toujours la fin de quelque chose, la fin de Satan, la fin de la tyrannie, de la misère, de la maladie, de la superstition. Soit ! Mais, positivement, qu'est-ce que vous nous proposez ? Victor Hugo ne paraît avoir réalisé fortement qu'un seul détail du jardin à venir, c'est la meilleure utilisation des vidanges pour l'agriculture...

Je ne parle pas dans un esprit de dénigrement et de moquerie. Personne ne peut contester la sincérité du grand poète et qu'il fut vraiment et réellement un voyant, à la manière de l'Anglais Blake. Non pas un voyant des choses de Dieu, il n'a pas vu Dieu ; mais personne n'a tiré tant de choses de cette ombre que fait l'absence de Dieu.

Paul Claudel,
Réflexions et propositions sur le vers français (1925).

Mais un autre voyant, non dogmatique mais chercheur, lui avait d'avance répondu :

De cette faculté d'absorption de la vie extérieure, unique par son ampleur, et de cette autre faculté puissante de méditation, est résulté, dans Victor Hugo, un caractère poétique très particulier, interrogatif, mystérieux, et, comme la nature, immense et mystérieux, calme et agité. Voltaire ne voyait de mystère en rien, ou qu'en bien peu de choses. Mais Victor Hugo ne tranche pas le nœud gordien des choses avec la pétulance militaire de Voltaire; ses sens subtils lui révèlent des abîmes; il voit le mystère partout. Et, de fait, où n'est-il pas? De là dérive ce sentiment d'effroi qui pénètre plusieurs de ses beaux poèmes; de là ces turbulences, ces accumulations, ces écroulements de vers, ces masses d'images orageuses, emportées avec la vitesse d'un chaos qui fuit; de là ces répétitions fréquentes de mots, tous destinés à exprimer les ténèbres captivantes ou l'énigmatique physionomie du mystère. [...]

L'excessif, l'immense sont le domaine naturel de Victor Hugo; il s'y meut comme dans son atmosphère natale. Le génie qu'il a de tout temps déployé dans la peinture de *toute la monstruosité* qui enveloppe l'homme est vraiment prodigieux. Mais c'est surtout dans ces dernières années qu'il a subi l'influence métaphysique qui s'exhale de toutes ces choses; curiosité d'un Œdipe obsédé par d'innombrables Sphinx.

Charles Baudelaire,
l'Art romantique (1861).

Des commentaires de Péguy, nous extrayons quelques fragments ou il situe, à sa manière, le sens des choses chez le poète.

Il n'avait nullement le cœur chrétien (lui qui, professionnellement pour ainsi dire, a fait tant de prières en littérature). Il est vrai qu'il n'avait pas non plus le cœur païen, vu que, sans doute, il n'avait pas de cœur du tout, mais il avait le *génie païen* (...).

Il faut se faire à cette idée que quand Hugo regardait le soleil et la lune, la lune et les étoiles, [...] quand il regardait l'homme et la femme, l'enfant; la plaine et la forêt; le mur et la maison; la plaine et la moisson; la maison et la treille; la vigne et la maison; le blé et le pain; la roue et la voiture, [...] il saisissait d'une saisie aussi neuve, il embrassait l'univers, charnel, d'un embrassement charnel, [...] d'une sorte d'étreinte première aussi neuve, aussi inexpériente qu'Hésiode et qu'Homère [...].

Il avait reçu ce don unique de voir la création comme si elle sortait ce matin des mains du Créateur.

Charles Péguy,
Victor-Marie, comte Hugo (1910).

SUJETS DE DEVOIRS ET D'EXPOSÉS

SUJETS GÉNÉRAUX

● Illustrez, à l'aide d'exemples tirés de Victor Hugo, cette remarque de Baudelaire : « La poésie est ce qu'il y a de plus réel, ce qui n'est complètement vrai que dans un autre monde. Ce monde-ci, dictionnaire hiéroglyphique. »

● Que pensez-vous de cette appréciation de Péguy : « Quand Hugo suivait sa nature, son génie classique, il était profond et clair. Quand il s'esquintait à être romantique, il se donnait un mal de chien pour obtenir un mystérieux en papier d'emballage. [...] Le profond et le mystérieux n'est pas forcément sombre et tourmenté » ?

● Commentez librement cette strophe de Victor Hugo (« Pan ») :

> Si vous avez en vous, vivantes et pressées,
> Un monde intérieur d'images, de pensées,
> De sentiments, d'amour, d'ardentes passions,
> Pour féconder ce monde, échangez-le sans cesse
> Avec l'autre univers visible qui vous presse !
> Mêlez toute votre âme à la création !

SUR DIFFÉRENTS POÈMES

● *A Eugène* : La folie, l'enfance, la tombe, domaines secrets de l'âme.

● *Magnitudo parvi* : « Entre les mains d'un autre poète que Victor Hugo, de pareils thèmes et de pareils sujets auraient pu trop facilement adopter la forme didactique, qui est la plus grande ennemie de la véritable poésie. Raconter en vers les lois *connues* selon lesquelles se meut un monde moral ou sidéral, c'est se réduire aux devoirs de la science et empiéter sur ses fonctions. [...] En décrivant ce qui est, le poète se dégrade et descend au rang de professeur. En racontant le possible, il reste fidèle à sa fonction ; il est une âme collective qui interroge, qui pleure, qui espère, et qui devine quelquefois » (Baudelaire).

● *À Villequier* : Montrez comment l'auteur *parle de* et *parle à*, ces deux fonctions de la parole conciliant l'angoisse et l'espérance; comment, selon l'expression d'un philosophe, il passe « du refus à l'invocation ».

● *Cadaver* : Les *idées* contenues dans ce poème vous paraissent-elles propres à consoler l'homme devant la mort ?

TABLE DES MATIÈRES

Mame Imprimeurs - 37000 Tours
Dépôt légal Juin 1975. - N° 23767. - N° de série Éditeur 15480
IMPRIMÉ EN FRANCE. *(Printed in France)*. - 870 062 I. Avril 1990.